メディアと表現

情報社会を生きるためのリテラシー

目白大学社会学部メディア表現学科編

学文社

は じ め に

　1949年，オーウェル（Orwell, G.：1903-50）は小説『1984』の中で，情報通信技術の進歩は独裁的な政府がすべての人を常に電子的に監視する社会をもたらしかねない，という未来予測を立てた。一方で，同じ技術の進歩は，そうしたコミュニケーションの垂直的な拡張のみならず水平的な拡張をも容易にし，多元的な社会を生み出すだろうという楽観的議論も提示されていた。技術の変化と社会の変化をめぐっては，こうした技術決定論と並んで，政治・経済・文化・社会心理など，さまざまな視点からの議論が絶えることなく続けられてきた。2014年を迎えた現在，こうした予言の数々が現実の問題となりつつある。電子メディアを通じて，瞬時に世界を駆け巡り，多くの人びとに共有される文字・音声・視覚情報。それは，伝統的な人間関係，社会構造を揺るがす脅威ともなるが，予想もしなかったさまざまな可能性を確実に生み出しもする。

　この後，人間と電子情報通信技術とはいかに共存し，人間社会の幸福に寄与しうるのか。本書の執筆者たちが所属する目白大学のメディア表現学科は，14年前の2000年に，そうした問題意識を念頭に置きながら，電子メディア社会に貢献できる人材の育成を目指して設立された。いまでこそ，「メディア表現」という言葉を冠した大学学部あるいは学科が徐々にでき始めているが，当時は他に例のない学科名だったと記憶する。

　1990年代末に学科の構想が練られていた折には，電子メディア社会の浸透を見越して，表現理論とコミュニケーション理論，その上に立った表現行為，その成果物を消費するメディア・ビジネスが別個の学科，学部で分断されて教授される状態を解消し，3分野の融合状態の中に新時代の表現可能性を見出したい，という目論見があった。念頭にあったのは，中世大聖堂の建設を担ったバウヒュッテに表現集団の理想形を見出したドイツのデザイン学校バウハウスだったと聞く。バウハウスで真ん中にあった建築をメディアに置き換え，そこ

に表現を志向する者たちが集い，学び，表現し，発信するという構想。以来，時代の要請に合わせながら，教科の編成に少しずつ手を加え，現在では巻末にあるような6フィールドによるカリキュラムを施行中である。他学ならいくつもの学科に分散しそうな異種領域の研究者が，各フィールドに分かれながらも，相乗りを試み，メディア社会における新たな表現の可能性を模索し，人材の育成に努めている。

　本書は，目白大学のメディア表現学科におけるこうした10年余の経験の上に立って，学科所属教員が「メディア表現」の具体的事例を各専門領域からそれぞれ紹介してみようということで構想された。第1部ではマス・メディアからソーシャル・メディアへの変容，第2部ではデジタル技術の進展に伴う発信形態と表現手法の変質，第3部では電子メディアを用いた新たな制作過程と受容様態の出現，第4部ではメディア社会を支えるシステムの検討，第5部ではメディア社会の功罪などが考察されている。提示された現状分析・未来展望は実に多岐にわたるが，その多様性は，そのまま，さまざまな情報が輻輳し，新旧のメディアが呼応しあいながら，新たな表現に向かって開かれていくメディア社会の在りようを反映するものでもある。

　読者としては目白大学社会学部メディア表現学科の学生を想定したが，変貌してやまぬ現今のメディア社会で何がどう表現されるべきかに思いを致すすべての方たちも射程に入れている。人間の根源的な欲求であり，「手とアタマとこころ」を総動員して行われる表現という行為は，電子メディアが進展してやまぬ時代に，いかなる形をとり，いかに生き抜き，受け入れられ，変貌していくのか。本書がともに考える一助となれば幸いである。

2014年2月吉日

執 筆 者 一 同
（目白大学社会学部メディア表現学科所属教員）

目　次

はじめに　i

第 1 部　メディアの現在と未来

第 1 章　マスメディアの変容と社会的影響 ——————————（川端　美樹）2
　第 1 節　メディアとは　2
　第 2 節　マスメディアの登場と発展　3
　第 3 節　マスメディアの社会的機能　4
　第 4 節　テレビの普及とその社会心理的影響　6
　第 5 節　社会維持装置としてのテレビの役割　8
　第 6 節　マスメディアの変容と今後　10

第 2 章　電子書籍　紆余曲折10年の教訓 ————————（三上　義一）17
　第 1 節　この10年が示唆するもの　17
　第 2 節　意外と煩雑な電子書籍　19
　第 3 節　ソニーの失敗と撤退　21
　第 4 節　「書籍」不在の電子書籍　24
　第 5 節　今後の展望　26

第 3 章　ソーシャルメディア・コミュニケーションの拡張—（牛山　佳菜代）30
　第 1 節　ソーシャルメディアと現代社会　30
　第 2 節　ソーシャルメディア前史　31
　第 3 節　ソーシャルメディアの普及と利用者の特徴　33
　第 4 節　ソーシャルメディアが現代社会に与えた影響　37
　第 5 節　ソーシャルメディアの意義と今後　42

第2部　広告・デザイン・アート

第4章　広告にとってのメディアと表現 ────────（河合　良文）48
　第1節　変貌する現代の広告　48
　第2節　広告メディアは届ける・つなげるために　52
　第3節　広告表現は人とこころを動かすために　58
　第4節　《メディア×表現》は，その先へ　62

第5章　デザインの重要な視点 ──────────────（安楽　豊）66
　第1節　デザインの成り立ち　66
　第2節　プロダクトデザイン領域の視点　69
　第3節　グラフィックデザイン領域の視点　71
　第4節　マスメディアとデザイン　74
　第5節　デジタルメディアとデザイン　75

第6章　アートの伝統とヴァーチャル・リアリティ ──────（小林　頼子）78
　第1節　20〜21世紀のアート　78
　第2節　電子メディアとヴァーチャル・リアリティ　79
　第3節　自然模倣とヴァーチャル・リアリティ　81
　第4節　幾何学的遠近法の視覚的マジック　83
　第5節　アートが映し出す人と世界のかかわり　88

第3部　エンターテインメントとメディア

第7章　誰もが映像番組を作ることができる時代 ───────（西尾　典洋）92
　第1節　テレビ放送を取り巻く環境の変化　92
　第2節　個人による映像の発信　95
　第3節　誰でも映像制作を行う時代に向けて　97

第4節　映像制作者を目指す人へのメッセージ　104

第8章　実写・特撮・アニメに通底するものとは何か ─────（鶯谷　正史）105
  第1節　エンターテインメントとは何か　105
  第2節　エンターテインメントはいかにメディアとなったか　108
  第3節　イマジネーションを具現化するには　109
  第4節　存在しないものを描く　112
  第5節　日本のエンターテインメント　114
  第6節　現在の映像制作は何を目指しているのか　116

第9章　ポピュラー音楽の現在とメディアの変容 ─────────（溝尻　真也）119
  第1節　ポピュラー音楽を研究するということ　119
  第2節　ポピュラー音楽をめぐる研究の歴史　120
  第3節　ポピュラー音楽と再生技術の変遷　122
  第4節　動画投稿サイトがもたらしたポピュラー音楽経験の変化　125
  第5節　音楽をめぐる物語の生産/消費　129
  第6節　プロセスとしてのポピュラー音楽について考える　131

第4部　メディアを支えるシステムデザイン

第10章　Web表現の仕組み ──────────────────（皆川　武）136
  第1節　Web表現とは　136
  第2節　Webページ制作で使用する言語　136
  第3節　HTMLやCSSの標準化　139
  第4節　WebブラウザでWebページを表示する仕組み　140
  第5節　Webページにおける素材や色の表示　142

第11章　ユーザーインタフェースのデザイン手法 ————————（遠西　学）148
　第1節　ユーザーインタフェースとは　148
　第2節　コンピュータとユーザーインタフェースの歴史　149
　第3節　インタフェースのデザインの基本　153
　第4節　ユーザーインタフェースの「使いやすさ」と設計のプロセス　156
　第5節　UXとインタフェースデザイン　158

第12章　スマートフォンを支える技術 ————————————（桑折　範彦）160
　第1節　タッチパネルの技術　160
　第2節　GPSの技術　162
　第3節　加速度センサー・ジャイロセンサーなど　165
　第4節　Siriの技術　167
　第5節　その他の技術　171

第5部　メディア表現の課題と展望

第13章　マスメディアにおけるジェンダー表現 ————————（島田　治子）174
　第1節　ジェンダーとは何か　174
　第2節　ジェンダーが引き起こす問題　176
　第3節　ジェンダーの作られ方　179
　第4節　マスメディアのジェンダー表現　181

第14章　メディアとモラル ————————————————（原　克彦）186
　第1節　情報発信者の多様化　186
　第2節　マスメディアのモラル　187
　第3節　情報を扱う企業のモラル　190
　第4節　個人の情報モラル　193
　第5節　子どものための情報モラル教育　196

第15章　学習者・授業・学校を変えるメディア表現 ———（今野　貴之）199
　　第1節　学習者中心の教育　199
　　第2節　学習者の主体性と学び　202
　　第3節　学校外における学びの場　204
　　第4節　ICT学習環境と新しい能力　207

編集後記
「メディア表現学」文献／映像作品案内　212
メディア表現学科紹介　220
索　　引　223
執筆者紹介　226

第 1 部　メディアの現在と未来

第1章
マスメディアの変容と社会的影響

川端　美樹

第1節　メディアとは

　メディアは長い間，社会や人びとに影響を与えながら発達してきた。しかしながら，メディアという言葉が現在のような意味で使われるようになったのは，それほど昔のことではない。19世紀以降，社会が近代化し，産業化・都市化とともに大衆が生まれ，電気通信技術の発達によって多くの人びとが情報をやり取りする手段が社会に普及した。そのため，新たに登場したこのような道具を表す言葉が必要になり，20世紀に入ってようやくメディアは「情報を伝達する手段，あるいは装置」という言葉として用いられるようになったのである[1]。

　メディアの語源はラテン語のmediumであり，「中間」という意味を持つ。人びとがコミュニケーションを行う際，それを媒介するのがメディアである。コミュニケーションとは，メディアを介して人びとが情報を発信・受信・処理・加工・蓄積することであり，メディアは人間のコミュニケーション能力の限界を補い，また高めるために用いられてきた。

　たとえば，誰かに何らかのメッセージを伝えたいとき，目の前に相手がいれば，対面で言いたいことを直接伝えることができる。しかしながら，相手が物理的に離れている場合，私たちはその場で話をする代わりに，何らかのメディア，たとえば電話や手紙，メールなどを利用してメッセージを伝える。また，ある情報を多くの人びとに伝えたいとき，一人ひとりに会って話して伝えたのでは，長い時間と手間がかかる。そこで，一度に多くの人に情報を伝える手段，

たとえばテレビや新聞，ラジオ，インターネットなどのメディアを用いて，同時に多くの受け手に対してメッセージを送るのである。このように，メディアは私たちのコミュニケーションをより円滑にかつ効率的に行うために用いられる便利な道具なのである。

第2節　マスメディアの登場と発展

　メディアの中でも，少数の送り手から不特定多数の送り手にメッセージを送るコミュニケーション，すなわちマス・コミュニケーションの際に用いられるマスメディアは，まず，社会が封建社会から近代社会へと変化を遂げた際，印刷技術の発達により，定期刊行物である新聞や雑誌などの活字メディアとして誕生した。そして19世紀以降，産業化・都市化とともに大衆が出現し，安価に情報を伝える大衆新聞が生まれた。その後電気通信メディアの登場によって短時間での遠距離通信が可能になり，電信や電話などのメディアによって情報が世界中を瞬時に駆け巡ることになった。20世紀の直前には映画が誕生し，国境を越えて多くの人びとに映像で同じストーリー，そして娯楽を伝え始めた。1920年代，無線電気通信で音声によって不特定多数の大衆に同じ情報を伝える手段としてラジオが誕生し，その技術はさらに映像を加えて1940年代以降テレビの誕生へとつながっていく[2]。

　マスメディアは，19世紀から20世紀の前半にかけて，世界中の多くの国が巻き込まれた第一次世界大戦，第二次世界大戦などの戦争において，国民の戦意高揚やプロパガンダの道具にも使われた。国家や軍が国民を統制して，戦争に協力させ，また敵に対して憎しみをもたせるなど，戦いを勝利に導くために利用されたのである[3]。

　一方，大衆消費社会のマスメディアの発達には，とくにアメリカで19世紀から製造業が盛んになったことも大きく関連している[4]。当時アメリカでは製造業の発達により，製造業者が大量生産を行うようになり，その製品を売るために自社製品を他社製品と差別化し，特徴のある包装やブランドイメージを販売

の手法として用いるようになった。ところがそれらの工夫をしても、消費者に製品を知ってもらわなければ売ることができない。ちょうどその頃、高速印刷技術の発達により、大衆新聞をはじめとした活字メディアで大衆に情報を提供することができるようになった。そこで、製造業者が多くの人びと、つまり大衆市場にむけて自らの製品について発信したいという要求と、不特定多数の人びとに向けて容易にメッセージが届けられる手段が結びついて広告が生まれ、マスメディアは広告の媒体となることで、大衆消費社会を促進し、維持させる役割を果たしてきたのである。

その後、20世紀のアメリカにおけるラジオ、すなわち放送メディアの普及および発達は、活字メディアよりさらに多くの受け手を生み出した。住んでいる地域や年齢、社会階層など社会的な区分にとらわれない、幅広い一般的な受け手が誕生したことで、広告は一層力を増した。そしてその影響力はラジオからテレビに受け継がれ、拡大していく。

第3節　マスメディアの社会的機能

マスメディアは以上のように私たちの社会の中で発達してきた。それと同時に、マスメディアは私たちのコミュニケーションを媒介するだけでなく、社会にさまざまな影響を与えている。その影響には、社会や人びとにとって良い影響もあれば、悪い影響もある。マートン（Merton, R. K.）は、社会の中である主体（たとえばマスメディア）が他の主体（たとえば社会の中の人びと）にとって果たす役割や与える影響を「機能」と呼び、それを順機能と逆機能に分類した。順機能とは、影響が与えられる主体にとって有利な場合の影響、逆機能とは、影響が与えられる主体にとって不利な場合の影響を指す[5]。

私たちはマスメディアに対する批判やその悪影響についてよく耳にすることがある。たとえばテレビは子どもの学力を低下させて「学力崩壊」をもたらす、また「一億総白痴化」をもたらす、といった議論は、テレビが誕生した1950年代から行われている[6]。アメリカにおいても、テレビは人びとを市民活動から

遠ざけ,「社会関係資本」,すなわち社会を構成する人びとの信頼や規範に基づくコミュニティやネットワークと,そこでの社会資源を衰弱させてきた主な原因のひとつであると批判されている[7]。これらの影響は,マスメディア,特にテレビが社会に与える逆機能といってよいであろう。しかしながら,マスメディアによって不特定多数の人びとに共通の情報が伝えられることで,結果的に私たちの日常生活の役に立ったり,ある社会における人びとの連帯意識が強くなったり,社会制度が維持される役割を果たしたりすることもある。マスメディアの役割を総合的に理解するためには,これらの順機能を無視することはできない。

また,ライト(Wright, C.)はマス・コミュニケーションの機能の種類を4つあげている[8]。それらは(1)「環境監視(surveillance)」,(2)「調整(correlation)」,(3)「社会化(socialization)」,(4)「娯楽(entertainment)」である。まず,環境監視とは,社会の内外における出来事についての情報の収集と伝播が行われる機能である。次に調整とは,情報の解釈や意味づけの伝達を通して,社会のメンバーの間で,意見の交流をはかりながら,内外の環境の変化にどう対応するかの合意を形成する機能である。そして社会化とは,価値・社会規範・知識といった文化的要素を,その社会のメンバーや潜在的メンバーに教化する機能であり,そして最後に娯楽とは,気晴らし,緊張の解消の機能である[9]。それぞれの機能には,もちろん順機能も逆機能も存在するが,順機能に注目した場合,私たちはマスメディアを用いてマス・コミュニケーションを行うことで,世の中で何が起こっているかを知ることができたり,人びとの間で世論などの合意が生まれたり,世代を超えて自分たちの文化を伝えたり,また気晴らしをしたりすることができるのである。

一方,ラザースフェルド(Lazarsfeld, P. F.)とマートンは,マスメディアの機能を3つあげている[10]。それらは「地位付与」,「社会的規範の強要」,「麻酔的逆機能」の3つである。地位付与とは,ある人物や組織がマスメディアにおいて取り上げられることで,有名性を付与され高い評価を受けるようになる機能のことである。また,社会的規範の強要とは,社会的規範から逸脱した行

動とそれが社会的制裁を受ける過程をマスメディアで公表することで，人びとに社会規範の存在を伝え，認知させる機能である。さらに，麻酔的逆機能とは，受け手がマスメディアからの過剰な情報に繰り返し接触することで，その情報に慣れてしまい，問題に対して無関心になってしまう機能である。以上のように，マスメディアは情報を伝達するだけでなく，送り手が影響を与えることを意図していなくても，社会や私たちに対して何らかの影響，機能を持つことがわかる。このような，送り手と受け手が意図しない，あるいは気づいていない機能について上記のマートンはマスメディアの「潜在的」機能と呼び，意図的に与えられる影響の「顕在的」機能と区別している。

第4節　テレビの普及とその社会心理的影響

　テレビはマスメディアの中でも，20世紀の半ばから世界中に普及し，20世紀後半以降の私たちの社会に大きな影響を与えてきた主要なメディアである。アメリカにおいて，ガーブナーら（Gerbner, G. et al.）は，テレビが社会にもたらす長期的な影響を明らかにしようと試み，1960年代末に「文化指標プロジェクト（Cultural Indicators）」というプロジェクトを立ち上げた[11]。このプロジェクトは，「制度過程分析（institutional process analysis）」「メッセージシステム分析（message system analysis）」，そして「培養分析（cultivation analysis）」の3つの研究プロジェクトから成り立っている。彼らは，このように多面的なアプローチにより，テレビ番組の中でも特にドラマなどのフィクション番組の視聴が人びとの現実認識に与える長期的な影響を，明らかにしようと試みた。

　文化指標プロジェクト全体を概観すると，まず，制度過程分析では，テレビ番組の送り手側がどのような過程を経て番組を作り出していくかを調べる送り手分析を行う。また，メッセージシステム分析では，ドラマに登場する登場人物やそこで描かれる世界についての内容分析を行い，テレビの中で描かれる世界が現実の世界とどのように異なるかを明らかにしている。そしてプロジェクトの中核となる培養分析では，メッセージシステム分析の結果，テレビで描か

れる世界が現実と特に異なっている事柄（たとえば暴力や犯罪など。テレビの中では現実世界よりも多く登場する）についての意識を質問紙調査で尋ね，テレビを長時間・長期間視聴している人とテレビにあまり接触しない人の回答を比較することによって，テレビの長時間かつ長期間の累積的視聴が人びとの社会的現実の認知に影響を与えているかどうかを明らかにしようとしたのである。

　培養分析によると，テレビは歴史上，最も幅広く共有されたイメージやメッセージを送り出してきたマスメディアである[12]。そして，ドラマ・コマーシャル・ニュースやその他の番組を通して，かつて存在した，人びとの識字能力や住む地域による差を超え，本来は多様な環境や背景をもつ異なった個人や各家庭に対し，社会に関する知識を常時伝える主要な情報源であるという。テレビは近代化以前の社会で宗教が果たしていたように，伝説や知恵や教訓をドラマなどによりさまざまなストーリーで伝え，世界を定義し社会の秩序を維持する役割を果たしているという。

　培養分析が誕生した当初は，当時のアメリカの社会背景を反映して，とくに社会における暴力や犯罪について，テレビ視聴の影響を検討する研究が多く行われていた。テレビの世界は，犯罪や暴力が現実の世界より多く登場するフィクションやその他の番組であふれている。培養分析の結果，毎日長時間のテレビ視聴を長期間続けている人びとは，社会をより危険だと考えている結果が得られたという。

　それに加え，培養分析においては，テレビのマスメディアとしての影響力の強さを「主流形成（mainstreaming）」という現象によってとらえることでも検討された[13]。社会には多様な背景をもつ人びとがいるが，それらの人びとは本来なら異なった意見や価値観を持つと考えられる。主流形成とは，その中でテレビに長時間かつ長期間接触している人びとは，テレビで伝えられている価値観や世界観に影響され，似たような意見や価値観を持ち，また自分は中庸派だと考えやすくなるという現象である。培養分析が提唱された当時，アメリカでは三大テレビネットワーク局が全国を結び，広い国土で国民の90％以上がこの3つしかないネットワークテレビ局から放送される番組を視聴していた。ま

た，テレビは視聴率を稼ぐために，なるべく多くの人に見てもらえるよう，戦略的に最大公約数的で，画一的かつ一般的な番組作りをせざるをえない。同時に，テレビドラマやニュースなどでは，事件や事故，特別なストーリーなど，社会の中での出来事の一部を象徴的にとりあげ，強調するのが常である。テレビが人びとにとって主要なメディアであればある程，このようなテレビ番組の影響力はかなり大きくなると言えよう。

　培養分析は，アメリカのみならず，日本を含めさまざまな国でも検討されてきた[14]。また，国際的な比較研究も行われている。テレビ番組やその視聴状況は，各国の歴史的・政治的・社会的・経済的・そして文化的な状況を反映し，国によってさまざまに異なっている。とはいえ，アメリカ製のドラマ番組が多く輸入され，放送される国においては，アメリカ同様，テレビの世界に多く接触している人びとは，社会をより危険に認知する傾向が見られたという。

第5節　社会維持装置としてのテレビの役割

　日本においても，テレビは1950年代以降急速に普及し，人びとと社会に大きな影響を与えてきた。テレビは「一億総動員」メディアを目指して誕生し，高度成長期には一億総中流意識を製造し，日本人を「国民化」したメディアだと言われている[15]。そのような影響は，人びとが経験する社会的な出来事の多くが，マスメディアによって多くの人びとに伝えられ，共有されることによってもたらされる。

　前節で取り上げた培養分析でも言われているように，テレビは，人びとに共通の経験を共有させることによって，私たちの社会を共同体として維持させる役割を果たしている。小城英子は，ある特定の社会の人びとが共有する「集合的記憶」という概念に注目し，テレビの影響とその役割について実証的に検討した[16]。私たちが何らかの社会的な出来事に接するとき，それが日本国内の出来事であれば，自分の経験や知り合いからの情報など，個人的な体験を伴うこともある。しかし，外国で起こった社会的出来事は，テレビなどのマスメ

ディアを介して知ることがほとんどである。たとえば2001年にアメリカで起こった同時多発テロ事件は，現在でも多くの人の記憶に残っていると思われるが，その事件に関するイメージや情報は，主にテレビニュースで繰り返し流された衝撃的な映像や新聞での写真（たとえば飛行機がビルに激突するシーンなど）によって構築されていると考えられる。

　特にテレビの映像は，自分が直接経験していない出来事に関して，世代を超えて社会的記憶を共有させる機能を有しているという。その出来事が，たとえ自分が知らない時代に起こったことであっても，その後テレビが同じ映像を繰り返し放送することで，世代を超えた集合的記憶の構築に寄与するからである。特に多くの世代の人びとが共有している集合的記憶の例としては，上にあげた2001年のアメリカ同時多発テロ事件のほか，1963年に起こったケネディ・アメリカ大統領暗殺事件，1989年のベルリンの壁崩壊などがあげられるという。これらの出来事は，人びとに衝撃を与える出来事であったと同時に，その後長い間，それらの出来事に関する同じ映像が幾度となく繰り返しテレビで伝えられてきている。そのため，人びとが共通のイメージ，共通の記憶を持つようになったと考えられる。

　また小城は，さまざまな世代の人がかつて見てきたテレビ番組の集合的記憶というものも存在するという[17]。たとえば子どものころによく見ていたテレビ番組が，大人になって，同世代の人びととの共通の話題になることがあるだろう。小城らが行った調査によると，10代から60代までのどの世代でも，自分自身が10代〜20代のころに放送されていた番組をより多く認知し，また情緒的な関与も高いという。このことは，マスメディアが提供してきたコンテンツに関する記憶も，社会的に共有される集合的記憶となることを示している。

　このように，テレビはその映像を通してさまざまな記憶を共有させ，私たちの「想像の共同体」を形成し，社会への帰属意識や連帯意識を作り，社会を維持する役割を果たしていると考えられる。

第6節　マスメディアの変容と今後

1．テレビ離れとその背景

　以上のように，テレビはマスメディアの中心的存在として，20世紀後半から社会に大きな社会的影響力を及ぼしてきた。しかしながら，1980年代末から始まった多チャンネル化および多メディア化の中で，人びとのテレビ視聴時間やテレビ視聴スタイルに変化が生じてきた。

　その変化の1つがテレビ視聴時間の減少である。NHK放送文化研究所の調査によると，近年日本人の平均テレビ視聴時間は，2003年での4時間5分から，2012年11月での1日3時間47分へと，年々少しずつではあるが，減少傾向にある[18]。このようなテレビ離れといわれる現象は，特に若年層で起こっており，インターネットや携帯電話，スマートフォンなどの他のメディアを利用する時間が増えたことが，テレビ視聴時間の減少につながったと考えられている。また，同じくNHK放送文化研究所の調査によると，メディアの持つ6つの機能（ニュース・楽しむ・面白いものを探す・外とのつながり・安らぎ・感動）のうち，さまざまなメディアから最も役に立つものを選んでもらったところ，2002年と2012年に行われた調査では，すべての機能についてテレビを挙げた人が10年間の間に減少し，携帯電話，パソコンを挙げた人が増加したという[19]。

　このような現象が促進されている理由として，李光鎬は，これまで人びとがテレビによって満たしてきた「欲求」が，新しいメディアによって代替的に充足されることで，心理的なテレビ離れが起こっている可能性をあげている[20]。とくに，近年テレビの娯楽の機能が弱体化し，その分，インターネットの利用によって，人びとが代替的に娯楽的な欲求を満たすようになったのではないかというのである。図1－1は，さまざまな情報について，人びとがどのようなメディアから得ているかを調査した結果である[21]。この結果を見ると，報道や天気予報に係る情報の入手メディアとしてはいまだ「テレビ」の利用率は全体的に高い。また，現在，テレビ番組の中ではニュース番組の視聴率が上位を

占めていることから，依然としてテレビは環境監視の機能を果たしていると考えられる。しかしながら，昨今，テレビニュース番組が娯楽化しているという問題も起こっている[22]。テレビの環境監視の機能が娯楽化によってさらに弱まり，携帯端末やスマートフォンの普及でインターネットの利用環境の向上が進んでいけば，今後さらに多くの人びとがテレビではなくインターネットにニュースなどの情報を依存するようになる可能性もある。図1－1を見るとわかるように，娯楽・エンタメ情報の入手メディアについては，テレビが1位とはいえ，インターネットとの差はわずかである。このような傾向が今後強まり，テレビ離れがさらに進むことも考えられる。

テレビ視聴に関する変化の2つ目は，テレビ視聴時におけるメディアの並行

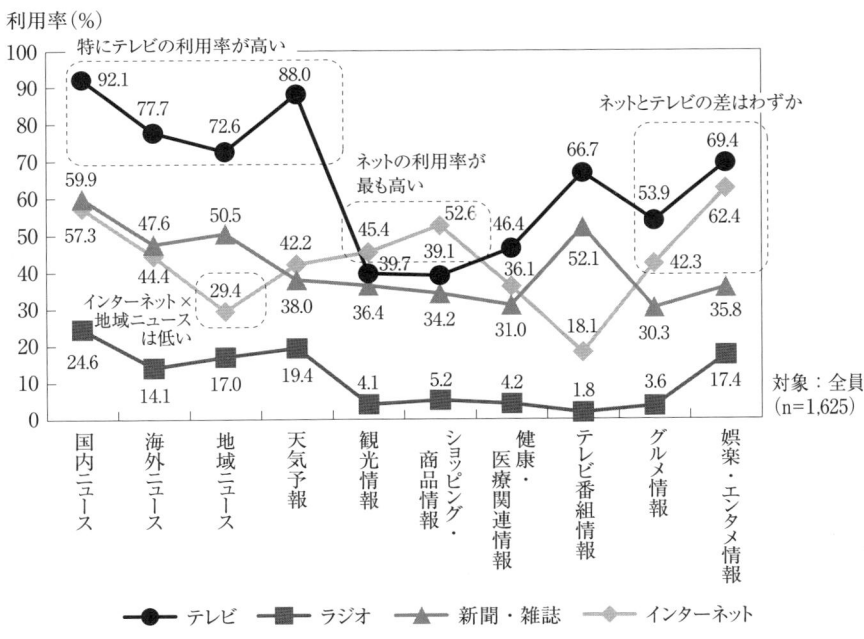

図1－1　情報の種類別の入手メディア

（出典）　総務省「ICT基盤・サービスの高度化に伴う利用者意識の変化等に関する調査研究」（平成24年）

利用の増加である。メディアの並行利用には，テレビ視聴と無関係な利用と，テレビ視聴と関係する利用の2つが考えられる。テレビ視聴と無関係のメディアの並行利用は，テレビをつけながらまったく関連のない他のメディア利用，たとえばテレビと関連しない内容のインターネット利用などをすることであり，この視聴スタイルはさらにテレビ離れを加速させる可能性がある。一方，テレビ視聴と関係するメディアの並行利用とは，たとえばテレビ番組を見ながらその内容についてのコメントをツイッターでつぶやいたり，SNSにコメントを書きこんだりする視聴スタイルである。こちらの場合は，人びとをより能動的なテレビ視聴に導いたり，楽しみを増加させる可能性がある。かつてテレビが一家に1台しかなかった時代には，家族全員での視聴が当たり前のように行われていたが，1人に1台の時代になり，テレビ視聴の「個人化」が進んだ。ところが，近年テレビ視聴に関係のあるメディア並行利用が進むことにより，再び疑似的な「共同視聴」が行われるようになるのではないか，と李は述べている[23]。このような状況を受けて，テレビ局がテレビ番組に関係するツイッターの書き込みを表示するなど，積極的にインターネットを利用して視聴者との双方向的なつながりをもとうとする動きもある。また，アメリカにおいては，テレビ局が視聴者をウェブサイトに誘導して視聴者の個人情報を集め，テレビ番組でのCMとは違った形の広告呈示の手段を用いて，テレビ離れによる広告収入の低下を補おうとする例もあるという[24]。

2．テレビの社会的影響力は低下したか

　前述したように，培養分析では，画一化された内容を含むテレビ番組の長時間かつ長期間の視聴が，人びとの現実認識に影響を与えるという仮説のもとに研究が行われている。それでは，近年人びとが受動的に少数のテレビ番組のチャンネルを視聴するのみならず，衛星放送やケーブルテレビで多様なチャンネルを視聴したり，DVDで好みのコンテンツを見たり，インターネットを利用するようになった結果，テレビの影響力は低下したのだろうか。モーガン（Morgan, M.）らは，テレビの多チャンネル化が進んでも，そこで流されてい

るテレビ番組の内容はそれほど変化してはいないという。たとえばケーブルテレビのチャンネルが増えても，そこで放映されている番組の多くは，以前プライムタイム[25]にテレビで放映されていたドラマなどの再放送であり，チャンネルが増えたことによって内容が多様化し，人びとの現実認識に与える影響が変わったわけではないというのである[26]。

また，アメリカの場合，最近特にメディア企業の集中的独占化が起こっている。そのため，たとえば娯楽コンテンツをどのような環境（たとえばネットワーク・テレビ局，衛星放送チャンネル，あるいはインターネットからダウンロードするなど）から得たとしても，それらはすべて元をただせば同じグループ企業によって作られているため，似通ったメッセージを含んだ内容になっているという。つまり，そこで伝えられるメッセージはこれまでのテレビ番組と同様，より多くの人びとに受け入れてもらえるような，社会の主流形成を促す内容になりがちである。最近は，見かけ上の多様化の中で，実質的にはむしろその傾向は強まっているのではないかという。日本においても，インターネット上の情報の多くは，マスメディアなど既存のメディアを情報源としているという。[27] つまり，人びとが情報を得る形態が多様化しても，そこで伝えられる内容は必ずしも多様化するわけではないのである。

3．マスメディアの今後

本章で述べてきたように，20世紀後半以降，テレビを始めとしたマスメディアは，私たちの社会に一定の機能を果たし，また大きな影響を与えてきた。そして現在，インターネットの発達そして普及の結果，新聞の購読者数やテレビの視聴時間は年々減少し，若者は既存のマスメディアよりインターネットに依存するようになっている。このように，今やテレビや新聞などのマスメディアの地位は脅かされているようにみえるが，果たしてマスメディアはこのまま衰退していくのだろうか。

ニューマン（Neuman, W. R.）は，1990年代に登場したデジタル技術を駆使した新たなメディア（たとえばインターネット）は，決してマスメディアを排除

するものではなく，むしろそれまで存在しなかったメディアの空白域を埋めて，伝統的なマスメディアを補完するものであるという[28]。また，デジタル化など新たなメディアの技術的な発達による情報通信革命は，少数のエリートが大衆を支配する大衆社会から，より民主主義的な多元社会へと私たちの社会を移行させる影響力があるとしているが，そこには情報通信革命の影響力を押しとどめるものとして，2つの要因が存在するという。1つ目の要因は，産業界およびメディア業界に存在する「規模の経済性」が，大量生産的なマス・オーディエンス向けのメディアを推進する影響力である。そして2つ目は受け手となるマス・オーディエンスの注意集中度の低い，どちらかというと受動的なメディア接触行動傾向である。人は高度な情報検索メディアを与えられても，必ずしもそればかりを利用するわけではなく，ときには気晴らしに娯楽番組を見ることもある。このような2つの要因が存在するとはいえ，現在起こっているように，インターネットの台頭によるマス・オーディエンスの変化は少しずつ進んでいくが，ニューマンは，最終的には3つの要因が均衡状態になるところで落ち着くのではないかと予測している。

　新たなメディアの登場と普及による既存のマスメディアの変化は避けられないが，メディア企業の政治経済原理の存在や，ときには一方向的で受身的なメディア接触を行う受け手の特性も無視されるべきではない。これまで述べてきたように，マス・コミュニケーションは，私たちの社会に対して，逆機能のみならず，順機能をも持っている。今後さまざまな形でインターネット環境が向上し，どこへでも持ち歩ける携帯性の高いメディアが発達することで，紙の新聞やテレビ受像機の利用頻度は減少していくと考えられるが，それによって人間が行うコミュニケーション自体が大きく変化するわけではない。マス・コミュニケーションは，インターネットにおいてもすでに多数の受け手が閲覧するウェブサイトを介して行われている。人間の社会が存在する限り，形は変わっても，マスメディアの存在と機能は生き続けていくであろう。

【注】
1) 三上俊治『メディア・コミュニケーション学への招待』学文社，2004年，p.24
2) Crowley, D. and Heyer, P., *Communication in History: Technology, Culture, Society,* New York: Longman Publishing Group.（林進・大久保公雄訳『歴史の中のコミュニケーション——メディア革命の社会文化史』新曜社，1995年）
3) 木下和寛『メディアは戦争にどうかかわってきたか——日露戦争から対テロ戦争まで』朝日新聞社，2005年
4) Webster, J. G. and Fahlen, P. F., *The Mass Audience: Rediscovering the dominant model*, Mahwah, NJ: Laurence Erlbaum, 1997.
5) Baran, S. J. and Davis, D. K., *Mass Communication Theory: Foundations, ferment, and future*, Wadsworth Publishing Co., 2003.（宮崎寿子監訳『マス・コミュニケーション理論——メディア・文化・社会』新曜社，2007年，p.239）
6) 佐藤卓己『テレビ的教養——一億総博知化への系譜』ＮＴＴ出版，2008年，p.103
7) Putnam, R. D., *Bowling Alone: The Collapse and Revival of American Community*, New York: Simon & Shuster, 2000.（柴内康文訳『孤独なボーリング——米国コミュニティの崩壊と再生』柏書房，2006年，p.284）
8) Wright, C. R., *Mass Communication: A Sociological Perspective*, New York: Random House, 1959.
9) 竹下俊郎「マス・コミュニケーション」大澤真幸・吉見俊哉・鷲田清一編集，見田宗介編集顧問『現代社会学事典』pp.1201-1203, 弘文堂，2012年
10) Merton, Robert and Paul Lazarsfeld (eds.), *Continuities in Social Research : Studies on the Scope and Method of "The American Soldier"*, Glencoe, IL : Free Press, 1950.
11) Gerbner, G., Cultural Indicators: The third voice. In G. Gerbner, L. Gross, & W. H. Melody (Eds.), *Communications technology and social policy*, New York: Wiley, 1976, pp.555-573.
12) Morgan, M., Shanahan, J., & Signorielli, N., Growing up with television: Cultivation processes. In J. Bryant and M. B. Oliver (Eds.), *Media Effects: Advances in theory and research*, 3rd ed., New York: Lawrence Erlbaum Associates, 2009, pp.34-50.
13) Gerbner, G., Gross, L, Morgan, M., & Signorielli, N., The "mainstreaming" of America: violence profile no.11, *Journal of Communication*, 30 (3), 1980, pp.10-29.
14) Morgan, M., Shanahan, J., & Signorielli, N., Growing up with television: Cultivation processes. In J. Bryant and M. B. Oliver (Eds.), *Media Effects:*

Advances in theory and research, 3_{rd} ed., pp.34-50, New York: Lawrence Erlbaum Associates, 2009, p.42.
15) 佐藤卓己『テレビ的教養――一億総博知化への系譜』ＮＴＴ出版，2008年
16) 萩原滋編著『テレビという記憶―テレビ視聴の社会史』新曜社，2013年，p.22
17) 萩原滋編著『テレビという記憶―テレビ視聴の社会史』新曜社，2013年，p.47
18) NHK放送文化研究所 https://www.nhk.or.jp/bunken/summary/research/report/2013_03/20130306.pdf（2013年8月31日閲覧）
19) NHK放送文化研究所 https://www.nhk.or.jp/bunken/summary/research/report/2013_07/20130704.pdf（2013年8月31日閲覧）
20) 萩原滋編著『テレビという記憶―テレビ視聴の社会史』新曜社，2013年，p.215
21) 総務省『平成24年版情報通信白書』http://www.soumu.go.jp/johotsusintokei/whitepaper/ja/h24/html/nc123330.html（2013年8月31日閲覧）
22) 川端美樹「テレビニュース番組における形式的娯楽化の現状とその問題：字幕・テロップを中心として」『目白大学総合科学研究』第2号，2006年，pp.209-219
23) 萩原滋編著『テレビという記憶―テレビ視聴の社会史』新曜社，2013年，p.218
24) Morgan, M., Shanahan, J., & Signorielli, N., Growing up with television: Cultivation processes. In J. Bryant, M. B. Oliver（Eds.）*Media Effects: Advances in theory and research*, 3_{rd} ed. pp.34-50, New York: Lawrence Erlbaum Associates, 2009., p.46.
25) プライムタイムとは，週の平日の午後8時から11時の時間帯を指す。
26) Morgan, M., Shanahan, J., and Signorielli, N. Growing up with television: Cultivation processes. In J. Bryant, M. B. Oliver（Eds.）*Media Effects: Advances in theory and research*, 3_{rd} ed., New York: Lawrence Erlbaum Associates, 2009, p.45.
27) 橋元良明『メディアと日本人―変わりゆく日常』岩波新書，2011年
28) Neuman, W. R., *The Future of the Mass Audience*, Cambridge University Press, 1991.（三上俊治・川端美樹・斉藤慎一訳『マス・オーディエンスの未来像：情報革命と大衆心理の相剋』学文社，2002年）

第2章
電子書籍　紆余曲折10年の教訓

三上　義一

第1節　この10年が示唆するもの

　インターネットとそれを利用したデジタルデバイスが世界中で普及し始めて早くも約25年。その間，各国におけるネットの普及の仕方はその国によって千差万別，ある国で広く普及したからといって他の国でも同様の発展を遂げるとは限らないことが明らかになった。その1つの好例が，電子書籍[1]ではないだろうか。たとえば，日本とアメリカの2カ国を比較しても，その普及にはかなりの差があるといえる。

　2012年末，日本で待ちに待ったアマゾンジャパンから電子書籍専用端末「キンドル」が発売された。加えて，ネット通販大手の楽天の電子書籍専用端末「楽天 kobo」も同年に発売され，電子書籍市場の主要な事業者が出揃ったことから，いよいよ日本でも電子書籍が本格的に広く普及するのではないかと期待された。しかし，民間調査会社の MM 総研の調査[2]では，「キンドル」の出荷台数は18万台に留まり，「楽天 kobo」は15.5万台，ソニーが販売する電子書籍専用端末「リーダー（Reader）」は12万台程度と，2012年度の総出荷台数は他の電子書籍端末を含めて計47万台と，当初予想の93万台を大幅に下回った。

　民間調査会社インプレスビジネスメディアの『電子書籍ビジネス調査報告書2013』[3]によると，2012年度の電子書籍市場規模は前年度比15.9％増の729億円と成長している。これはスマートフォン，タブレット，電子書籍用端末などモバイルとマルチデバイス機能を有した新たなプラットフォーム向け電子書籍配

信市場が，前年度の112億円から368億円へと急成長したことが大きい。また，アマゾンや楽天の参入をきっかけとした一般消費者の電子書籍への認知拡大や，コミックスを中心としたタイトル拡充などがその背景として挙げられる。

とはいえ，729億円という電子書籍市場規模は紙媒体の約4％に過ぎない。市場は一見順調に伸びているようだが，2011年度は前年度割れの629億円と10年度の650億円から減少していた。一部の予想では，2014年度までに電子書籍市場は1,300億円市場にまで成長するだろうと見られていたが，2012年度の実績から判断して，予測されていたほどの規模には遠く及ばないのではないだろうか[4]。

これに対しアメリカの電子書籍市場は，米国出版社協会（AAP）によると，12年は約3,000億円規模で前年度比44％増と急成長し，紙の一般書籍全体の売り上げの22.55％[5]を占めるに至っている。また，電子書籍はすでに部数だけでなく，売り上げでもハードカバー本を追い越しているという。

電子書籍は何も本や雑誌だけでない。新聞の電子版も電子書籍の一種だと考えることも可能であろう。日本の新聞の電子版がどの程度普及しているかをアメリカの現状と比較するなら，この点においても両国の違いは歴然としている。

アメリカの代表的な新聞，ニューヨークタイムズの紙の発行部数は約73万部だが，電子版は約113万部と[6]，デジタル版のほうが紙の新聞よりも売れているという逆転現象が起こっている。この紙・デジタルの逆転現象は，今のところ全米紙でニューヨークタイムズだけだが，アメリカで最大発行部数（紙・デジタル版の合計）を誇るウォール・ストリート・ジャーナルのデジタル版は約90万部，紙の約148万部の半分以上に迫っている。また2012年，アメリカ全土の596新聞のうちデジタル版が総発行部数の19.3％を占めるに至り，前年の14.2％から上昇している。

これに対し日本では従来通り紙媒体の部数が圧倒的に多い。その比率も電子版に力を入れている日本経済新聞の場合，2013年現在紙媒体の発行部数が約300万部に対し，デジタル版の有料購読者数は約30万人。もう1紙デジタル版を推進している朝日新聞の紙媒体発行部数は約700万部だが，デジタル版の有

料購読者数は約10万人[7]だという。日米の新聞を取り巻く社会的，経営的環境は著しく異なり，安易な比較は早計であるが，日本における活字メディアのデジタル化の進展がいかに緩慢かは明らかであろう。

　そこで本章では，そもそも電子書籍とはいかなるものなのかをまず探っていく。それから2004年から2013年までの日本における電子書籍の発展の経緯，そのおよそ10年間に及ぶ試行錯誤の歴史を辿っていく。というのも2004年，日本で電子書籍リーダーが各社から発売され，その技術は世界的レベル，ないしは当時世界で最も進んでいたといっても過言でなかった。だが，それにもかかわらず，電子書籍市場は伸び悩み，結局のところ各社撤退を余儀なくされた。その約3年後，アメリカでアマゾンの「キンドル」が発売され，発売されるや即完売となり，一挙に電子書籍ブームを巻き起こした。このブームが日本にも波及し，一度は失敗・撤退したものの，ここ数年電子書籍に対し熱い期待が集まっている。

　この10年で何が起こったのか。それが示唆することは何か。電子書籍市場が「期待」されながらも十分に成長していない理由や問題点とは何か。そもそも誰が，なぜ「期待」しているのか。以上のような問題意識を持って日本における電子書籍のこの10年の紆余曲折を振り返ることで，電子書籍の過去・現在・未来だけでなく，日本の出版界の現状とその展望の一端を明らかにしていきたい。

第2節　意外と煩雑な電子書籍

　電子書籍について留意するべき点は，それを読むためには何らかの再生機器・端末が必要だということである。電子書籍専用端末は，以前よりも遥かに安価になり，約6,000円前後（2013年現在）から購入できるようになった。とはいえ，何千円かの出費が必要なことには変わりない。加えて，いくら直感的に使用できるものだとはいえ，取扱説明書を読む必要が生じることもあろう。紙の本のように，ページを開いてただ読めばいいというわけではない。

紙の本を買うためには書店に行く必要があるように，電子書籍購入に際してもインターネット上にある「書店」のサイトにアクセスしなければならない。当然，そのためのインターネット環境とクレジットカード決済が必要となる。それはアマゾンのようなネット書店にアクセスするのと同じだが，電子書籍の場合，ダウンロードする手間がかかり，コンテンツだけでなく，専用のビューアやアプリをダウンロードしなければならないこともある。

　これは紙媒体と比較してだけのことではなく，他のネットメディア，たとえばメールマガジンと比べてもやや手間が煩雑だといえる。人気のある個人メディアとしてしばしば日本で引き合いに出されるのが，実業家，堀江貴文氏のメールマガジンである。会員数約15,000人（2013年12月31日現在，月額840円）とかなりの読者数を獲得していて，堀江氏はこのメールマガジンだけで年収1億円以上に上るといわれている。メールマガジンは電子書籍とは異なり，専用端末もネットからのダウンロードもビューアも必要ない。通常の電子メールを受け取るような手軽さがあり，個人メディアとしては電子書籍よりも適しているといえるだろう。

　このように電子書籍は意外と煩雑な手間を要するものであり，この10年で判明したことは，結局のところそのような手間と出費を惜しまない読書好きでない限り，ほとんど電子書籍を購入しないということである。

　インターネットの普及，若者の活字離れ，少子化による読者数の減少などが重なり，1997年以降「出版不況」が深刻化している。一部には紙媒体の右肩下がりは，電子書籍の普及が一因であると指摘する向きもある。だが，それは妥当ではないだろう。仮説を立てるなら，たぶんその逆で活字読者が多ければ多いほど，電子書籍市場も活性化するのではないだろうか。活字媒体への関心が高ければ，電子書籍へのそれも高く，その関心が低い状態で電子書籍市場だけが一人歩きして活性化するというのは常識的に考えて無理があろう。

　電子書籍の利点とは，1台の端末に何千・何万冊という本を収めることができ，端末は薄く軽く持ち運び便利，海外の雑誌，書籍，新聞をダウンロードし，読むことができることなどである。これらは明らかに活字メディアの購読者で

なければ関心を示さない利便性であるはずだ。

　この点に注目するのは，音楽業界に起こったことと同様のことが出版業界にも起こるのではないかと懸念され，電子書籍に対し懐疑的な意見があったからだ。合法，違法を含めて音楽ダウンロードが普及するなり，音楽CDの販売が激減した。それはアルバムが主流の音楽CDに対して，ダウンロードの場合，1曲単位で購入することができ，そのほうが音楽CDアルバムを買うよりも遥かに安価であるためである。とくに日本では音楽CDは再販売価格維持制度（通称：再販制度）で保護され価格が高めに設定されているため，安価な音楽ダウンロード市場は急成長し，結果的に音楽CD市場を縮小させてしまった。

　だが，この10年の経験から判断して，電子書籍が紙媒体の市場規模を縮小させているという事実はないように見受けられる。そこに何らかの関係性を見出すとするなら，実際はその逆で，紙媒体の進展こそが活字メディアの成長を促し，電子書籍の発展に寄与するのではないだろうかということだ。

　また，その逆も真なりかもしれない。電子書籍市場の発展は，紙媒体の市場の拡大に繋がり，相乗効果をもたらすかもしれない。つまり紙が消滅して電子書籍だけが生き残るというのではなく，双方が共存する可能性をこの10年の経験は示唆しているように思われる。

第3節　ソニーの失敗と撤退

　冒頭でも指摘したように，アマゾンの「キンドル」がヒットする約3年前，実は日本で電子書籍が販売されていた。「キンドル」がアメリカで発売されたのが2007年11月，一方「キンドル」同様，画面表示にE-Ink方式の電子ペーパーを使用したソニーの「リブリエ」が日本で発売されたのは2004年4月だった（国内販売中止は2008年12月）[8]。双方ともサイズは6インチ，電子ペーパーを使用していて，液晶ディスプレイと比べて低消費電力で画面は見やすく，実際に見た感じは印刷物に近いという特性があった。重さも大差はなく，グレーがかった画面表示も同じ，使用感にも大きな差はなかった。日本のメーカーは，

いわば「キンドル」より先んじて同様の端末を世に送り出していたといえる。
　ではなぜ、「キンドル」は成功し、「リブリエ」は販売台数が伸びず、製造中止になったのか[9]。その理由は以下の2点に要約できる。
　まず、第一に挙げなければならないのは、コンテンツの入手環境の違い、上述した煩雑な手間をいかに省略できたのかである。「キンドル」は端末単体で3Gネットワークに接続することができ、書籍、雑誌、新聞などのコンテンツを直接ダウンロードすることができる。いわば日本における携帯電話の公式サイトからコンテンツを購入するのと同じ要領である。オンライン書店のAmazon.co.jpに「キンドル」ストアの販売サイトがあり、読書好きを集め、ことにアメリカのAmazon.comでは新刊やベストセラーを紙のハードカバーよりも遥かに安価に提供、たとえば28ドルのハードカバーを9.99ドルで買えるようにして、利用者の拡大を図ってきた。「キンドル」を購入すればコンテンツをダウンロードするための通信料や、新たな個別契約も必要ない。通信料はアマゾンが負担し、読者はその専用端末とコンテンツ代だけを払えばあとは自由にダウンロードができ、60秒以内で電子書籍を読むことができるという手軽さである。無料通信回線内蔵のため、世界中どこでも電子書籍の購入が可能。電子書籍の煩雑な手間を極力省き、可能な限り「ストレス・フリー」な形でサービスを提供している。
　さらに特筆するべきことは、「キンドル」は必ずしもその専用端末が必要というわけではないという点だ。iPhone、Androidなどのスマートフォンや、iPadなどのタブレットにはデフォルトでアプリが無料インストールされており、PCや他のデバイスでも無料で「キンドル」のアプリを容易にダウンロードでき、電子書籍を読むことができるようになっている。
　一方、ソニーの「リブリエ」には単体での通信機能がなかった。一度PCにダウンロードしたコンテンツを転送して表示させるというもので、iTunes StoreとiPodとの関係に類似している。電子書籍の販売のため「タイムブック・タウン」というサイトが開設され、利用者はPCからそのサイトにアクセスし、コンテンツを購入、ダウンロードしてPCで読むか、ないしは「リブリ

エ」に同期して読むことができる仕組みだった。だが，これは「キンドル」と比べるとかなり手間がかかり，煩雑であった。ソニーもこの点を理解し，「リブリエ」の姉妹機で，2006年欧米で発売された「ソニーリーダー」は３Ｇネットワーク対応になっている。「リブリエ」もこの点の改良が期待されたが，その前に日本市場から撤退を余儀なくされた。

　もう１点は，ソニー（メーカー）とアマゾン（オンライン書店）という違いから生じる電子書籍の供給体制の問題である。

　アマゾンはオンライン書店として創業した企業であり，オンライン書店としての知名度は抜群，サイトではハードカバー，ペーパーバックと並列する形で「キンドル」版を販売することができた。それに対しソニーは国内の出版社（講談社，新潮社など）と提携して，「タイムブック」という非常に知名度が低いサイトで電子書籍販売を運営する術しかなかった。

　さらに「キンドル」とは異なり，ソニーの「タイムブック」は販売ではなくレンタルで，ダウンロード後60日でデータは消滅する仕組みであった。その内容もほとんどがすでに文庫化されていたタイトルで，値段も文庫並みの500円程度。なぜそのようなスキームが採用されたかというと，ソニーは電子書籍ビジネスとして成立させるために多くのコンテンツを揃えたかったのに対して，出版社側の要望は既存のビジネスに悪影響を与えないようにすることだった。つまり，人気作家の新刊ハードカバー（1,600円程度）を発売と同時に電子書籍（半額ないしは500円）で売り出すことは到底許されることではなかった。当時，日本の大手出版社にとって電子書籍ビジネスは会社全体の売り上げの１％程度でしかなく，収益の柱たる新刊ハードカバーを犠牲にするメリットは皆無に等しかった。

　以上のことから読み取れるのは，ソニーとアマゾンの根本的な発想の違いに由来するビジネスモデルの差異である。ソニーは出版社と組むことを余儀なくされ，そのため出版社の論理，本を作る側から考えたビジネスモデルを，アマゾンはオンライン書店であるからして本を売る側，読み手の目線に近い書店の論理でそのビジネスモデルを構築した。

もともと「キンドル」の場合、アメリカでは紙のハードカバーが20ドル台後半で販売されているものを9ドル99セントで販売するという、読者にそのメリットが理解・享受しやすい形でサービスが提供されてきている。しかし、ソニーの場合、すでに文庫化された本を500円で売るというもので、BOOK・OFFなどのいわゆる新古書店で100円程度で売っているかもしれない文庫本を、わざわざ何千円もする専用端末を買ってまで読む読者はかなり限られていたことは指摘するまでもないだろう。

　「リブリエ」はジャンル別ディスカウントサービスというものも実施していた。1カ月1,000円で3～5冊までダウンロードができ、60日間再生可能というものだった。だが、配信できる電子書籍のコンテンツを急速に拡大することができなかったことと、配信サイトの知名度を上げることができなかったことなどが重なり、そのようなサービスの利用者は限られていた。

　乱暴な飛躍の謗りを免れないかもしれないが、もし日本のメーカーが電子書籍で異なる戦略を取っていたなら、アマゾンの成功に先んじることも可能だったかもしれない。単なる空想の域を出ないとはいえ、日本のメーカーが電子書籍市場で世界をリードすることも可能であったに違いない。

第4節　「書籍」不在の電子書籍

　そもそも本当に日本の読者は、電子書籍を欲しているのだろうか。
　この問いに答えるのは難しいが、明らかに日本の出版界にとって電子書籍が待ち望まれる必然性があるといえる。
　先述したように、日本の出版界は1997年ごろをピークに右肩下がりを続けていて、1996年には2兆6,564億円あった市場規模は、すでに2兆円を割り込み、2012年は1兆7,398億円と、ピークからおよそ16年で約9,000億円以上も減少している。ところが各出版社とも業績不振を補うために出版点数を減らすのではなく、逆に増やすことで赤字を補填し、自転車操業を続けてきた。その結果、年間8万点（1日約200点以上）の書籍が刊行され、日本の出版業界はすでに飽

和状態に陥っている。返品率も約40％に達し，単純計算で約3万2,000点が返品され，何千万冊という本が毎年裁断されているのである。

そこで出版不況の「救世主」として期待されてきたのが電子書籍というわけである。事実，すでに指摘したように，期待されたほどではないとはいえ，電子書籍市場は徐々にではあるものの伸びつつある。日本の出版業界で伸びている数少ない領域だといえ，必然的にその成長に期待が集まっても不思議ではない。出版社側から見た電子書籍のメリットとは，デジタルなので在庫リスクがない，物流費がかからない，紙代・印刷代より製造コストが安い，全国・海外の読者に本を届けることができる，デジタルなので返品もなければ絶版という概念もないなどが挙げられ，電子書籍に期待が集まるのも当然であろう。

実際，出版界が期待しているのは，すでに手持ちのコンテンツをデジタル化して，どうにかして利益に結び付けたいというのがその本音であろう。とはいえ，そこには大きな矛盾が横たわっている。

日本における電子書籍市場の最大の問題は，やはり魅力あるコンテンツが紙に比べて限られている点である。楽天がオンラインで扱う電子書籍は約16万点（2013年12月31日現在），設立当初の2万点からは徐々に増えつつある。しかし，紙の市場は約60万点が流通しているといわれ，オンライン書店が扱う点数はかなり見劣りする。アメリカのアマゾンでは，「キンドル」用の電子書籍は約95万冊に上るという。

紙に比べてその数が少ないのは，日本では電子化に抵抗感を示す作家も多く，電子化されないベストセラーも少なくなく，旧刊本は著作権者を探して電子化の許諾を得る作業に手間も経費もかかるためである。加えて，出版社が新刊本を出版と同時に電子化して発売することに及び腰であるからだ。定価よりかなり安く人気作家の新刊を提供すれば，収益の大きな柱である紙のハードカバーの売り上げが減少しかねない。出版社としては電子書籍市場の拡大に期待したいものの，その市場拡大のために必要な新刊本の電子化には消極的だというわけである。まさに痛し痒しの矛盾を抱えているといえるだろう。

第2章　電子書籍　紆余曲折10年の教訓

第5節　今後の展望

　出版社側の思惑は別として，日本の読者は電子書籍で何を読んできたのか。
　日本の電子書籍市場を500億円規模まで牽引してきたのは従来型の携帯電話（フィーチャーフォン）市場であった。市場の8割は携帯電話用のコミックスで，その中でもボーイズラブ（BL），ティーンズラブ（TL）といった特定ジャンルが多かった。BLとは美少年同士の同性愛を題材にした漫画，TLとは性的表現の多い少女漫画のことであり，どちらも女性が主要な読者層だとみられる。他人の目を憚りながら，夜寝る前にベッドの中か，ないしは通勤中に読むといった利用のされ方である。紙の本を書店で買うのは恥ずかしいからか，プライベートな空間として利用できる携帯電話端末でH系コミックスを読むというのが，これまでの大方の使われ方であった。
　電子書籍市場でコミックスが売れ筋になった背景には，コミックスの連載書籍を在庫に関係なく一括しての購入が可能であり，それらを場所を取らずに保管でき，かつ持ち運びが可能という点が読者に重宝されてきたからである。コミックスの他は9％が写真集，残りの9％が文芸書となっているが，文芸書といっても，いわゆるライトノベルがその主流であった。
　電子書籍市場は今後，どのように発展していくのだろうか。
　インプレスビジネスメディアは，2012年度の新たなプラットフォーム向け市場が急速に拡大したことを受け，「2013年度以降は本格的な拡大期に入る」と予想，5年後の2017年度には2012年の約3倍の2,390億円市場へと急成長すると予測している[10]。
　無論，この強気の予測が当たるかどうかは不明である。スマートフォンやタブレット市場が拡大するにつれ，電子書籍市場の新たなプラットフォーム向け市場が伸びることは容易に想像できる。通勤・通学という毎日繰り返される生活の中に電子書籍端末と電子書籍が入り込む余地はあるに違いない。だが，どの程度成長するかはやはり未知数であろうが，この約10年の教訓から考えて，

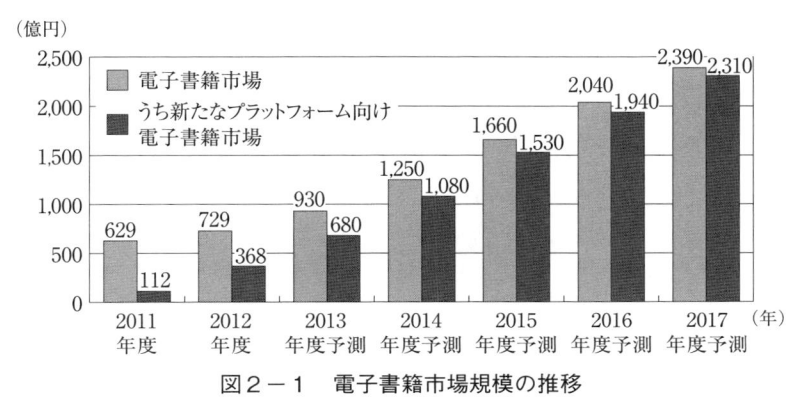

図2-1 電子書籍市場規模の推移
(出所) インプレスビジネスメディア『電子書籍ビジネス調査報告書2013』

電子書籍の品揃えの拡充と紙媒体と比べての割安感，つまり電子書籍のメリットとしてコストの安さがユーザーに認識されない限り，大幅に伸びるというのは難しいのではないだろうか。翻っていうなら，出版社の都合やビジネス上の思惑ではなく，読者の立場に立った電子書籍の利点が意識されない限り，今後の成長は緩やかなものとならざるを得ないだろう。問題は技術ではなく，読者目線に立った適切なビジネスモデルの構築であるといえる。

また，電子書籍の内容拡充も必要である。コミックスとライトノベル以外のコンテンツが広く読まれることで市場拡大に繋がる。事実，MM総研の調査によると，2012年度販売された47万台ほどの電子書籍端末（その96％近くをアマゾン，楽天，ソニーが占める）の市場規模は270億円，各ジャンル別で見ると，以下の通り，フィーチャーフォンで主流だったコミックスが後退し，コンテツの内容が多様化してきていることが分かる[11]。

1位「推理・ミステリー・ホラー・SF」33億円（シェア12.1％）
2位「学習系（ビジネス書，自己啓発，語学など）」32億円（11.9％）
3位「文芸小説・エッセイ・論評・詩」28億円（10.4％）
4位「雑誌（ビジネス・ファッション・情報誌）」26億円（9.6％）

第2章　電子書籍　紆余曲折10年の教訓

5位「マンガ・コミックス」23億円（8.4％）

　さらに電子書籍が単なる書籍の電子化，紙の本の写しでは魅力がなさ過ぎる。紙の本にはない電子オリジナルの写真や動画や音楽の挿入，イントラアクティブ機能の追加など付加価値の付いた，これまでにない新しいメディアやサービスを構築してこそ，夢のある読書体験が生まれ，初めて電子書籍の威力が発揮されるといえる。

　ビジネス面では，国内だけでなく，ソニーも楽天も海外でその電子書籍端末を販売していて，アマゾンに追随している。はたしてアマゾンの牙城に迫ることができるかどうかが注目されるところである。日本の人口減による読者層の減少が確実であることから，海外の電子書籍市場のシェア拡大はいうまでもなく必須であろう。

　将来の展開は不確実だが，いずれにしろ一部で危惧された電子書籍が紙媒体に取って代わることは，少なくとも近い将来にはないだろう。加えて，この10年の経緯を見る限り，印刷物が担ってきた人間の英知と社会の知の水準を保持・発展させるという機能を電子書籍が引き継ぐ段階には遠く及んでいない。一部のアーカイブ事業や図書館などの公共施設のニーズはあるとはいえ，一般的に電子書籍はまだまだその黎明期にあり，そのような社会的・文化的な責任と伝統を受け継ぐことが現実に起こりうるとしても，それは相当先のことであるに違いない。

　時代がいかに変化し，書籍の形が変化しようが，重要なことは紙であろうが電子であろうが，人間が書物を読み，知識を蓄え，自ら思索することである。それは書物がこれまで担ってきた基本的な役割であり，その重要性は未来永劫変わらないはずである。問われているのは，電子書籍という人類が手に入れた新しいデバイスをいかに上手く使いこなし，文化や教養の継承・伝播に役立てていくのかということであろう。

【注】
1） 「電子書籍」といってもその形態は多種多様，その呼称も電子ブック，デジタル書籍，デジタルブック，Ｅブック，オンライン書籍とあるが，本章ではその総称として「電子書籍」を使用する。加えて本章でいうところの電子書籍とは，雑誌（有料・無料の定期刊行物），書籍（ハードカバー，新書，文庫など），新聞（日刊刊行物）の従来の紙媒体（手書き・印刷）における活字のアナログ情報をデジタル媒体に変換し，ネットワークやインターネットを通じて，PC，スマートフォン，タブレット，電子書籍端末などによって読書に配信する出版メディアだと定義する。
2） MM総研「2012年度国内電子書籍端末・コンテンツ市場概況」
http://www.m2ri.jp/newsreleases/main.php?id=010120130702500（2013年10月13日閲覧）
3） インプレスビジネスメディアのシンクタンク部門，インターネットメディア総合研究所『電子書籍ビジネス調査報告書2013』
http://www.impressbm.co.jp/release/（2013年6月27日閲覧）
4） 「電子書籍の市場規模：現状と予測」インプレスR&D，2010年
5） AAPによると，電子書籍が一般書籍の売り上げに占める割合は，08年に1.18％，09年に3.17％，11年に16.97％と，いかにアメリカで電子書籍が伸びているかが分かる。
6） 2012年10月から13年3月までの数字。出所）The Alliance for Audited Media (formerly the Audit Bureau of Circulations（ABC））.
7） 公式には日本経済新聞も朝日新聞も詳しいデジタル版の有料購読者のデータを公表していないが，本章で使用している数字は関係者からの聞き取り調査をもとにしたものである。
8） 松下電器（パナソニック）は，04年2月に電子書籍リーダー「シグマブック」を発売開始したが，ソニー同様，08年に市場から撤退。
9） 「リブリエ」に関する詳しい記述は，弁護士で当時「リブリエ」の誕生に関わった村瀬拓男の『インターネットは本を殺すのか』（Diamond Online, 2009年10月より連載)を参照。
10） インプレスビジネスメディアのシンクタンク部門，インターネットメディア総合研究所『電子書籍ビジネス調査報告書2013』
11） 前掲MM総研。

第3章 ソーシャルメディア・コミュニケーションの拡張

牛山　佳菜代

第1節　ソーシャルメディアと現代社会

　今日，私たちは，マスメディアのみならず多様なメディアを通じて，世界各地の情報を瞬時に知ることが可能になり，メディアを通じたコミュニケーションを日常的に行うようになった。その中でも，近年急激に利用者が増加し，若者のコミュニケーションツールとして活用されているのが，「ソーシャルメディア」と呼ばれる双方向型のインターネットメディアである。

　ソーシャルメディアの定義は文献によりさまざまであるが，SNS（Social Networking Service）に，社会性が付加された双方向型コミュニケーションメディアであると言える。インターネットの浸透と共に，2000年以降，Facebook, mixi, Youtube, Twitter, LINEなどが登場したことで，多くの人びとに日常的に利用されるようになった。

　SNSは，社会心理学者ミルグラムが行ったスモールワールド実験の考え方に基づいて設計されている。この実験は，世界中の任意の2人は，5人程度の仲介者によって間接的につながっていることを明らかにしたもので，後にグラノヴェッター，ワッツらがその実験結果をより精緻化させた[1]。SNSは，このスモールワールドの考え方をインターネット上に展開し，人間関係の構築・拡大に寄与することを目指したネットワークサービスである。

　ソーシャルメディアは，従来のSNSの考え方にとどまらないマイクロブログ（通常のブログよりも短い文字数で投稿可能なブログ）などが登場し，一般人

の情報がマスメディアに比して強力な伝播力を持ち始めた頃，2007年に初めて論文にその用語が登場した[2]。今日では，ソーシャルメディアは，SNSのみならず，位置情報サービス，ソーシャルブックマーク，動画投稿サイト，マイクロチャットなどを含めた広義の交流型メディアとして位置づけられている。

ソーシャルメディアが人びとの生活に浸透するにつれて，友人や知人間のコミュニケーションに利用されるだけでなく，テレビや新聞などのマスメディアの在り方にも影響を及ぼし始めた。また，企業マーケティングや地域振興など，その用途は多方面に拡大している。一方で，個人情報の不正利用の増大，デマや誤報の急速な伝幡，情報格差の拡大，ソーシャルメディア依存など，多くの問題が指摘されていることも忘れてはならないところである。

そこで，本章では，（1）ソーシャルメディアの発展の源となったインターネットの発展過程を紐解きつつ，（2）その登場が現代社会に与えた影響について概観し，（3）ソーシャルメディアの意義と今後の可能性について検討することとしたい。

第2節　ソーシャルメディア前史

ソーシャルメディアで用いられている「ソーシャル」の語源はラテン語のsociusであり，「社会的，社交的」という意味を有している。その起源を辿れば，遥か古代メソポタミアで誕生した楔形文字で書かれた粘土板が最初の社交性をもったメディアであると言えるかもしれないが，本章では，ソーシャルメディアの発展に大きく寄与したと考えられるインターネット時代の幕開けをソーシャルメディアの直接的起源として，その発展経緯を辿ることとしたい。

1．インターネットの誕生

インターネットは，1969年に米国防総省下部組織である高等研究計画局（Advanced Research Projects Agency）が導入した実験的ネットワークARPANETがその起源である。当時のアメリカはソビエト連邦との冷戦下に

置かれており，分断されることのない通信網の構築を迫られていた。そこで考え出されたのが，「分散型ネットワーク」の仕組みである。データの蓄積や中継点の役割を各地のコンピュータに分散することで，1カ所が破壊されたとしても情報のやり取りを連続的に行うことが可能なネットワークを構築したのである。当初は全米4カ所を結んでいたのみであったが，遠隔地間の情報交換の需要の高まりとともに，ネットワークは急激に拡大していった。

　この時期のインターネットは主に軍事・研究目的で用いられていたが，同時期に登場したBBS（掲示板）は，研究者間のコミュニケーションに活用されていた。最初のBBSは，SFを好むARPAの研究者たちによる「SFラバーズ」であったという。その後，次第に市民独自の力と熱意によってBBSは爆発的に増加し，1993年にはアメリカ国内で6万の数に及んだ。そして，アメリカから，日本，ヨーロッパ，中南米へとBBSを通じた情報交換の仕組みが広がっていくこととなった[3]。

2．双方向型コミュニケーションの拡大

　1970年代以降，インターネット網が拡大していく中で，1990年代に入り，大きな変化が訪れた。WWW（World Wide Web：インターネット上の標準的なドキュメントシステム），WWWを見るためのブラウザソフトの開発等が進んだことで，ウェブ上で文字情報のみならず，写真・画像を同時に見られるようになり，インターネットは一般ユーザー間に爆発的かつ世界規模で拡大することとなった。

　一方，電話回線を使用したパソコン通信ネットワークが1980年代頃から普及し，多様な興味関心・趣味情報を基にした「草の根BBS」が多く開設された。日本国内で社会的に認知されたのは，1995年に起きた阪神・淡路大震災によってであった。地震発生当日午後1時にNIFTY-Serveに「地震情報コーナー」が開設され，地震関連ニュースや被害・交通情報，安否情報等が確認できるようになった。その後，名簿，救援・ボランティア，入試日程変更，災害ボランティアフォーラム，公的機関からのお知らせ，被災者所在等について情報交換

ができる「インターVネット」が設置された。また，このとき，神戸市外国語大学からインターネットを通じた情報発信も行われ，翌日からは現地の画像の発信も開始された[4]。

　この1995年は，Windows95にインターネットブラウザが標準搭載された年でもあり，同年の日本新語・流行語大賞トップテンに「インターネット」が選出されていることからも，その急速な浸透がうかがえる。

　このような中で，インターネットを通じたコミュニケーションが従来のマスメディアと異なる様相を見せるようになっていく。ウェブサイトが登場した当初は，一部の専門家からの「壁新聞」的な一方向型情報伝達が中心であったが，掲示板や個人のブログなどが登場したことにより，発信者と受信者が対等に情報交換を行う双方向コミュニケーションが活発になっていくのである。T. オライリーは，インターネットの「双方向性」が高まり，一般の人びとが特別なスキルを有することなく情報の受発信ができるようになった状況全般をソフトウェアのバージョンアップになぞらえて「Web 2.0」と総称した[5]。

　かかる状況下，インターネット技術の普及が進み，双方向の情報交換の有効性が人びとに認識されたことで，インターネット利用者が増加し，ソーシャルメディアの発展の下地が構築されていったと言えよう。

第3節　ソーシャルメディアの普及と利用者の特徴

1．SNSからソーシャルメディアへ

　本格的なSNSの登場は1997年のSixdegrees.comであるとされているが，最初にSNSの仕組みに関する特許を取得したものの，2000年末には閉鎖してしまった。インターネットユーザー数がまださほど多くなかった時期であり，ユーザーにとってこのサイトを使用するメリットが見出せなかったからであろう。その後，2002年には，登録ユーザーの友人関係をたどって新しい友人を見つけることを目的としたFriendsterがアメリカ・カリフォルニアにおいて開始され，現在のSNSの原型となった。その後，大学生の顔写真入りのリスト

にその起源を有するFacebookや，Friendsterを日本風にアレンジしたmixiなどが登場したことで，SNS全盛期を迎えることとなった。

　そして，当時のSNSの概念を覆すように登場してきたのが，Twitterであった。Twitterは，140字以内で気軽に呟けることと必ずしも実名を用いずにコミュニケーションを図ることができるという点でこれまでのSNSと異なる点が多く，手軽さと楽しさから全世界に急激に広まっていくこととなった。全世界におけるユーザー数は2億人とも5億人とも言われている。Twitterが大きな影響力を持った理由として，津田大介は，リアルタイム性，伝播力の強さ，オープン性，ゆるい空気感，属人性の強さ，自由度の高さという6つの特徴を挙げているが[6]，これらの特徴が重なり合うことで急激にその影響力が拡大していったと捉えられよう。

　さらに，最近では，LINEに代表されるマイクロチャット型ソーシャルメディアが登場している。無料でメッセージ交換や通話を行うことが可能であり，

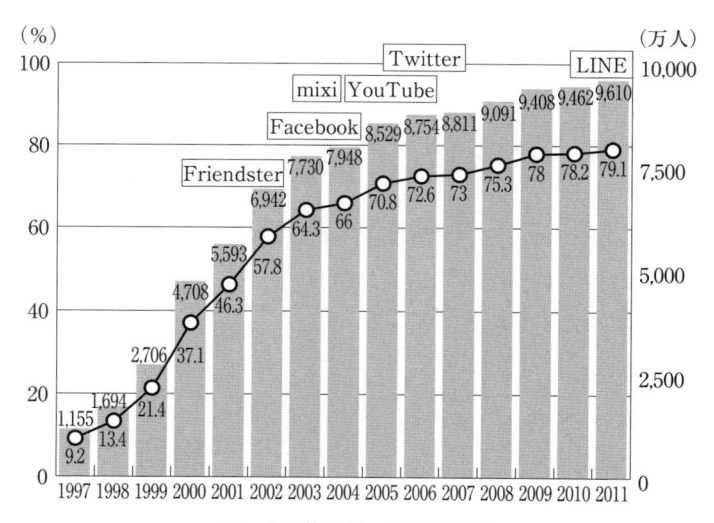

図3－1　日本のインターネットユーザー数の増加とソーシャルメディアの開設年

（出所）『平成24年版　情報通信白書』等各種資料から筆者作成

すでに保有している"電話帳"などから知人同士を結びつける点に特徴がある。さまざまな問題点が指摘されつつも，開設から2年余りで利用者は全世界で2億人を超え，今後の展開が注目されるところである。

　この他にも多くのソーシャルメディアが誕生してきたわけであるが，短期間のうちにソーシャルメディアが普及した要因は「ネットワーク外部性」という考え方によって説明することができる。ネットワーク外部性とは，同じ製品やサービスの利用者が増加すればするほど，その製品・サービス自体の利便性や効用が増加し，結果的に利用者全体の利益・利便性が増加するという考え方である。この考え方をソーシャルメディアに置き換えてみれば，当該ネットワークに属する加入者が多ければ多いほど，旧友や知人と出会ったり欲しい情報を入手できる確率が高まり，新たな人間関係構築にも有効性を発揮することが可能になるのである。

2．種　類

　前述したようにソーシャルメディアには多様な形態があり，その分類方法もさまざまである。ここではコミュニケーションの特徴をふまえて，不特定多数に情報発信することも視野に入れた「オープン」型か，それとも密接な友人関係を軸とした「クローズ型」か，また，交流を重要視した「コミュニケーション重視型」か，それともコンテンツを媒介としてコミュニケーションを図る「コンテンツ重視型」か，という4つの象限から分類してみよう。

　図3－2を見ると，一言でソーシャルメディアといっても多様な方向性があることが見て取れる。もちろん，図3－2の各象限の境界に位置する場合も多く，その様相は今後一層多様化すると考えられる。

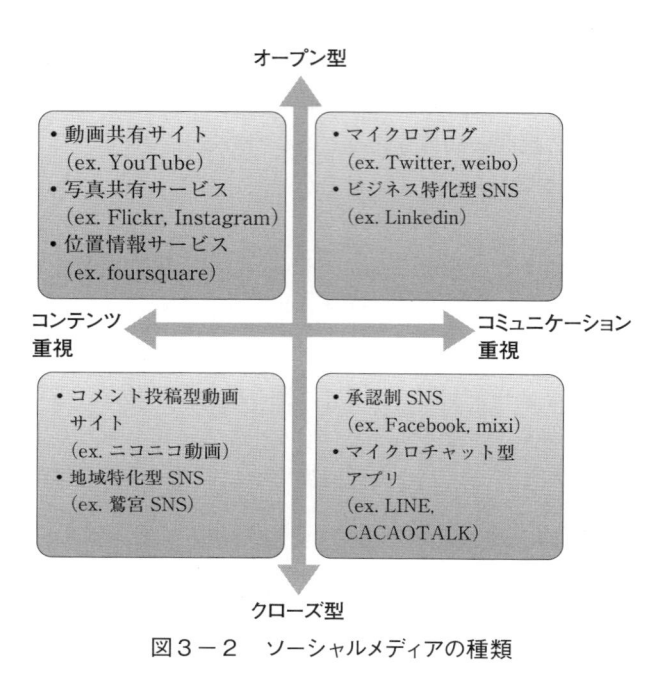

```
                  オープン型
                     ↑
 ┌─────────────────┐  ┌─────────────────┐
 │・動画共有サイト   │  │・マイクロブログ   │
 │  (ex. YouTube)  │  │  (ex. Twitter, weibo)│
 │・写真共有サービス │  │・ビジネス特化型 SNS│
 │  (ex. Flickr, Instagram)│ │  (ex. Linkedin)│
 │・位置情報サービス │  │                 │
 │  (ex. foursquare)│  │                 │
 └─────────────────┘  └─────────────────┘
コンテンツ                      コミュニケーション
重視  ←─────────────────────→  重視
 ┌─────────────────┐  ┌─────────────────┐
 │・コメント投稿型動画│  │・承認制 SNS      │
 │  サイト          │  │  (ex. Facebook, mixi)│
 │  (ex. ニコニコ動画)│ │・マイクロチャット型│
 │・地域特化型 SNS   │  │  アプリ          │
 │  (ex. 鷲宮 SNS)   │  │  (ex. LINE,      │
 │                 │  │  CACAOTALK)      │
 └─────────────────┘  └─────────────────┘
                     ↓
                  クローズ型
```

図3−2　ソーシャルメディアの種類

(出所)　各種資料より筆者作成

3．ソーシャルメディアの利用者像

　では，ソーシャルメディアはどのような人びとが利用しているのか。総務省の調査によれば，利用率は年代によって大きな差が生じている。若年層ほど利用率が高く，複数利用の割合も高い。

　また，図3−3に見られるように，ソーシャルメディアに深く関わりのある世代は，特に10〜20代である。メディアとの関わりの観点から，この世代を「デジタルネイティブ」と総称することがある。デジタルネイティブとは，生まれた時から，もしくは物心ついた頃から，デジタル技術やそれを活用したインフラやネット環境と，それに伴う『ものの考え方』などに取り囲まれて生活し，親しんできた世代を指す。さらに最近では，ソーシャルメディアに幼い頃から親しんでいる若者たちも増加しており，「ソーシャルネイティブ」と呼ぶ

若年層ほど現在の利用率が高く，複数利用の割合も高い

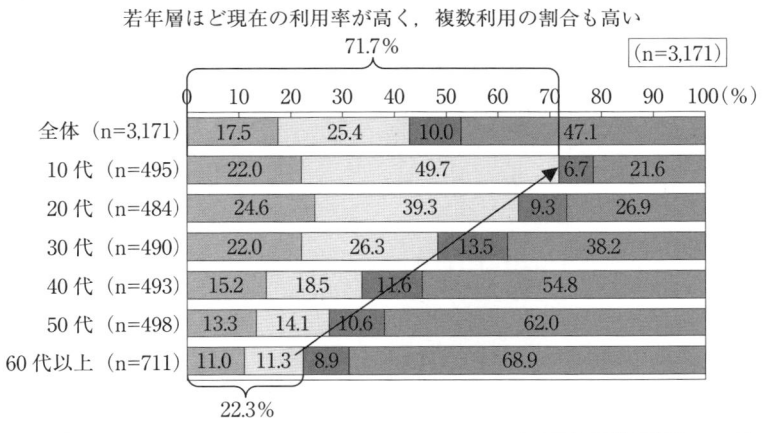

	現在1つだけ利用している	現在複数利用している	過去に利用したことがあるが現在は利用していない	利用したことがない
全体 (n=3,171)	17.5	25.4	10.0	47.1
10代 (n=495)	22.0	49.7	6.7	21.6
20代 (n=484)	24.6	39.3	9.3	26.9
30代 (n=490)	22.0	26.3	13.5	38.2
40代 (n=493)	15.2	18.5	11.6	54.8
50代 (n=498)	13.3	14.1	10.6	62.0
60代以上 (n=711)	11.0	11.3	8.9	68.9

10代: 71.7%　60代以上: 22.3%　(n=3,171)

図3-3　ソーシャルメディアの利用状況

（出所）　総務省「次世代ICT社会の実現がもたらす可能性に関する調査」2011年

場合もある。いずれにしても，デジタルメディアを意識的に修得して使いこなそうとしてきたこれまでの人びとと比較すると，インターネットに対する抵抗感が極めて低く，現実の世界と区別しない，相手の年齢や地位にこだわらないなどの特徴がみられる。ソーシャルメディアは，インターネット世界と現実世界を融合したコミュニケーションを可能にしたと考えられるが，それを後押ししているのが，このソーシャルネイティブ世代であると言えよう。

第4節　ソーシャルメディアが現代社会に与えた影響

　さて，ここからはソーシャルメディアが現代社会にどのような影響を与えているのか，いくつかの切り口から検討していきたい。ここで留意しておきたいのは，本章は新たな技術の開発が社会発展の中身を決定するという技術決定論をとっているわけではない。新しいメディアは登場するだけで世の中に影響を

与えるのではなく，その時々の社会的状況や担い手の意識等との相互作用によりさまざまな影響が生じる。したがって，今後も多くの変化が生じることが想定されるが，本章では紙幅の都合もあり，マスメディア（ジャーナリズム），社会（社会運動），企業（マーケティング），地域（地域活性化），災害（情報提供手段）の5つの観点から，具体例を踏まえてその影響を考察していく。

1．マスメディア―ジャーナリズム活動の一部代替―

　ジャーナリズムの役割は，日々発生する世の中の出来事や時事的な問題を報道，解説，論評することにある。従来は，専門職である記者が取材，情報の取捨選択を行った上で読者にその情報を発信していた。ソーシャルメディアは，即時性の高さを生かし，その状況を変化させようとしている。

　その具体例として，2009年1月15日に起きたUS Airways旅客機のニューヨーク・ハドソン川への不時着事故に関する報道が挙げられる。この時の第一報は新聞や放送ではなく，近くにいた一般ユーザーが川面に不時着した旅客機をiPhoneで撮影して投稿したTwitPic（Twitterアカウントを使って画像を投稿できるサイト）であった。その投稿が掲載されたTwitPicにはアクセスが殺到し，一時サーバがダウンするほどであった。読者や視聴者は情報の真偽に関して問うことがより必要になった一方で，時にソーシャルメディアが従来のマスメディアを代替する情報源として機能する可能性が生まれている。

2．社会―社会運動の推進―

　また，ソーシャルメディアは，現実の社会で生じている問題解決や改良のための社会運動の推進に寄与する場合もある。

　この事例としては，「アラブの春」と呼ばれる，北アフリカ，中東諸国で起こった一連の民主化運動が挙げられる。2010年末から2011年初頭にかけて，長期独裁体制が敷かれていた国々で市民による反政府活動が急速に拡大した。なかでも，チュニジアとエジプトでは，1人の青年による抗議の焼身自殺がFacebookやTwitterを通じて急激に拡散していった。また，政府の弾圧が強

まる中で，ソーシャルメディアを通じてデモの呼びかけが行われたことで，ソーシャルメディアの利用者層のみならず非利用者層へのネットワークの拡大をもたらした。結局，この運動は，大統領の国外脱出，独裁体制の崩壊をもたらすことになった。

　図3－4を見ると，両国において，民主化運動期間中の情報源としてソーシャルメディアが有効であったことがわかる。本事例におけるソーシャルメディアの役割は過大評価されることが多いため，有効性の程度は今後のさらな

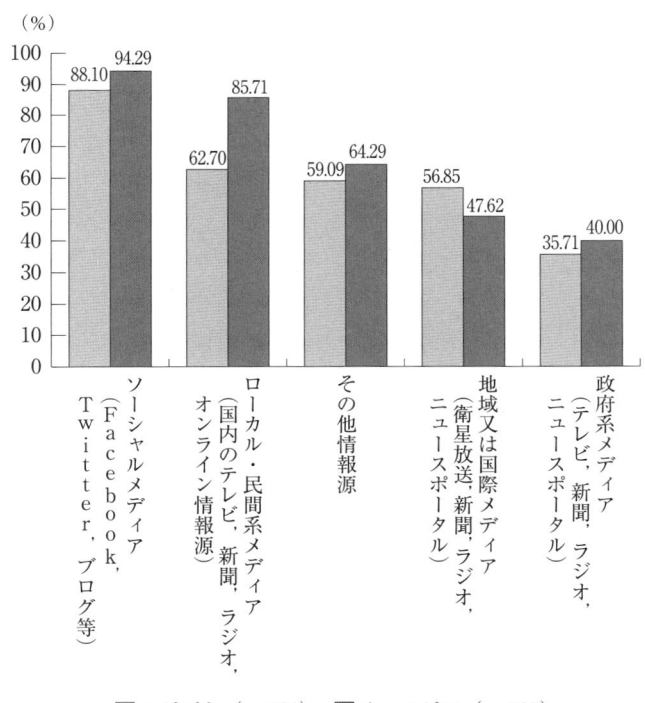

	エジプト（n=126）	チュニジア（n=105）
ソーシャルメディア（Facebook，Twitter，ブログ等）	88.10	94.29
ローカル・民間系メディア（国内のテレビ・新聞，ラジオ，オンライン情報源）	62.70	85.71
その他情報源	59.09	64.29
地域又は国際メディア（衛星放送，新聞，ラジオ，ニュースポータル）	56.85	47.62
政府系メディア（テレビ，新聞，ラジオ，ニュースポータル）	35.71	40.00

図3－4　民主化運動期間中の情報源

（出所）　Civil Movement：The Impact of Facebook and Twitter / Dubai School of Government
　　　　（『平成24年版　情報通信白書』）

る検証を待つ必要があるが，一般市民，特に若者がソーシャルメディアを活用することにより，情報・共感の伝播が加速し，自分達が置かれている社会状況そのものを変革するための推進媒体として成立する可能性がある。

3．企業—ソーシャルメディア・マーケティング—

マーケティングとは，単純化して言えば「売るための仕組み作り」であり，製品計画の立案，最適販売経路の検討，販売促進努力などが含まれる。従来，企業が消費者に情報発信を行うにあたっては，新聞や雑誌広告，TV広告などを主要経路としていた。しかしながら，近年では，ソーシャルメディアを利用した「ソーシャルメディア・マーケティング」が行われるようになっている。企業によっては，TV広告とYouTube，Facebookを組み合わせた情報発信を行うことで，自社ブランドへの認知拡大に至った例も見られるようになった。また，自社キャラクターを用いてTwitter上で消費者からの質問を受け付けることで，同時性を生み出し，消費者との関係強化を図っている例もある。

ソーシャルメディアを用いたマーケティングは，企業から消費者に向けたダイレクトの情報発信を可能にし，消費者の口コミによる情報拡散が行われる可能性があるという点で，今後も広がりを見せるであろう。

4．地域—地域活性化の仲介的役割—

今日，多くの地域において若者の流出や高齢化が進み，過疎化が進んでいる。官民協働のもとで，地域活性化を進めることが必要不可欠である。地域活性化は，地域の住みやすさの追求に加えて，観光，文化振興，経済振興，自然保護，地域資源保護，景観保護，商店街振興など，地域によってとるべき方法は異なるが，これらの活動の促進・支援においてソーシャルメディアが仲介的役割を果たす可能性がある。

その一例として，地域に特化した地域SNSが挙げられる。2009年には全国で404カ所，70万人以上が参加していたが，今日では資金や人材不足，参加メンバーの固定化等によりその数は減少している。しかしながら，地域SNSの

中には，ネット通販との連携や地元が舞台となったアニメと連動したイベント開催など地元の資源をうまく活かすことで[7]，地域の魅力の共有や他地域への情報発信に活用されている場合がある。

また，近年では，行政からの情報発信にソーシャルメディアが活用される場合もある。新宿区では2011年に公式Twitterを開設し，地震や台風等の災害情報や地域情報をタイムリーに発信している。また，佐賀県武雄市では，2010年から市職員にTwitterのアカウントを与えて，職務中の呟きを奨励しているほか，2011年には，市のウェブサイトをFacebookページに全面移行させた。

行政のみならず地域住民が当事者意識を持ち，工夫をこらして活用することにより，地域性の低いソーシャルメディアが地域にしっかりと根付き，その有効性が高まるのである。

5．災害─災害時のタイムリーな情報提供・入手手段─

2011年3月11日14時46分，三陸沖を震源とするマグニチュード9.0の地震が発生した。地震と津波の被害は極めて大きく，これら一連の災害は後に"東日本大震災"と総称されることになった。

今後も災害はどこでどのように起きるかわからないが，その時，ソーシャルメディアはどのような役割を果たしうるのか。『平成24年版情報通信白書』によれば，震災発生時から1カ月後までの間，被災地では，ラジオや携帯電話が大きな役割を果たした一方，普段からインターネットを利用しているコアユーザーにおいては，ソーシャルメディアの「即時性」を生かして，店舗情報等を仕入れていたという[8]。

また，今回の大震災では，東北3県以外でも，家族・知人の安否，帰宅困難者の交通情報，計画停電の情報入手など，リアルタイムかつ地域に特化した情報が必要となり，そこでソーシャルメディアが活用された。平塚千尋によれば，電源・通信が回復した後，ネットユーザーがTwitterなどを通じて情報取得に動き，民放ラジオなどが高齢者やネット非利用者に向けてその情報を伝えることで従来のマスメディアがデジタルデバイドを減少させるための仲介的役割を

果たしたことが指摘されている[9]。多様な場面で特にソーシャルメディアが，その時に必要とされる「地域情報」の提供に有効だったと考えられる。

しかしながら，災害時はデマや誤報，風評被害なども生じやすい。これらが，ソーシャルメディアを通じて，急激に拡大するケースも見られるようになった。2011年3月12日に起きたコスモ石油タンク火災の情報拡散はその有名な例である。「工場勤務の方から情報。コスモ石油の爆発により有害物質が雲などに付着し，雨などといっしょに降るので外出の際は傘かカッパなどを持ち歩き，身体が雨に接触しないようにしてください!! コピペとかして皆さんに知らせてください!!」というような情報が，「○○の方からの情報」という確からしい情報源とともに，メールやソーシャルメディアで急激に拡散していった。千葉県ウェブサイトや当事者である企業から，有害物質の検出は確認されていないことが明確に提示されるまで，その情報は広がり続けた[10]。

これらを踏まえると，災害時の情報提供・入手手段として，ソーシャルメディアは極めて重要であり，今後もその必要性は高まることが予想される。しかしながら，その速報性と伝播力により大混乱が生じる可能性もあるため，日常時からその特性や使用方法について熟知しておくことがより必要となろう。

第5節　ソーシャルメディアの意義と今後

1．ソーシャルメディアは社会関係資本を構築するのか

社会関係資本（ソーシャルキャピタル）とは，2000年以降注目を集め始めた概念で，社会的ネットワークとそれのもたらす信頼関係や結びつきに価値を見出すという考え方である。アメリカの政治学者であるパットナムは，社会関係資本が高い地域では殺人件数も少ないという調査結果を踏まえて，社会関係資本が高ければ高いほど，近隣地域の安全に寄与すると述べ，「人々の協調を促すことにより，その社会の効率を高める働きをする社会制度」と定義づけた[11]。また，内閣府の調査では，社会関係資本の形成により，生活上の安心感を醸成する可能性があることが指摘されている。

ここまで見て来たように，ソーシャルメディアを通じたコミュニケーションは拡張の一途をたどっており，従来のマスメディアの変革のみならず，政治，社会，企業といった多方面にさまざまな影響を及ぼしている。ソーシャルメディアの負の面が取り上げられる機会が多いが，どのように利用すれば社会関係資本の構築に寄与できるのか，その可能性について発展的に検討していく必要があろう。

2．ソーシャルメディア・コミュニケーションの今後

　ソーシャルメディアを巡っては，今日，多くの問題が生じている。総務省調査によれば，ソーシャルメディアの利用者は，「個人情報の漏えい」「個人情報の不正利用」「プライバシーの侵害」等個人情報に関する不安を多く感じているという[12]。デマや誤報の急速な拡散の他，ソーシャルメディア上への不用意な投稿や発言などにより，炎上や個人情報の流出など，多くのトラブルが生じている。

　では，ソーシャルメディアの利用を控えれば，これらの問題は解決するのだろうか。振り返ってみれば，新しいメディアが登場すると，必ずそのメディアに対する批判がなされてきた。テレビの登場時を振り返ってみれば1954（昭和29）年頃から，番組低俗化に対する批判が展開され，「テレビ悪玉論」が勢いを増した。また，1990年代から普及した携帯電話に関しては，子どもへの悪影響があちこちで議論され，「小中学生に携帯電話を持たせない」ことを主眼とした規則が自治体や学校単位で制定された。しかしながら，ソーシャルメディアが社会の一部となっている現在，反対や規制だけでは今後立ち行かなくなることは目に見えている。

　では，どのようにすればよいのだろうか。本章の締め括りとしてその手がかりとなる理論を1つ紹介しておこう。

　マクルーハンは，息子のE.マクルーハンとともに，「メディアを含む全ての人工物は，人間の意識や文化・社会に対する4方向の影響力（拡張，衰退，回復，反転）を常に内在的に有している」ことを指摘し，メディア分析装置とし

てテトラッド（tetrad）の形式を示した．テトラッドとは，メディアの有する多様な可能性についてわれわれが思考し，問いかけていくために考案されたもの（メディアについてわれわれが考えるためのメディア）である[13]。

では，ソーシャルメディアは，これから，現代の社会の何を拡張し，衰退させ，回復し，反転させるのか．ソーシャルメディアの多様な可能性を排除せず，その影響について発展的に思考し，自らに問いかけていくことが重要である．

【注】
1）野沢慎司編『リーディングス ネットワーク論——家族・コミュニティ・社会関係資本』勁草書房，2006年．ダンカン・J・ワッツ『スモールワールド・ネットワーク——世界を知るための新科学的思考法』阪急コミュニケーションズ，2004年
2）D. M. Boyd, N. B. Ellison, "Social Network Sites: Definition, History, and Scholarship" *Journal of Computer-Mediated Communication*, Volume 13, Issue 1, pp.210–230, October 2007.
3）H. ラインゴールド（会津泉訳）『バーチャル・リアリティ　コンピュータ・ネットワークが創る新しい社会』三田出版会，1995年
4）IMPRESS ウェブサイトによれば，約20日間の運用でアクセス数は約36万件だったという．しかしながら，これらのネットによる情報が被災地内部に対して影響力を有していたかという観点では，現地での通信環境，検索が困難であったことから，限定的にとどまったとの見方もされている．
5）T. O'Reilly, "What Is Web 2.0 Design Patterns and Business Models for the Next Generation of Software", 2005.
http://oreilly.com/web2/archive/what-is-web-20.html（2013年8月31日閲覧）
6）津田大介『Twitter 社会論』洋泉社，2009年，pp.29-46
7）鷲宮 SNS http://sns.wasimiya.com/?m=portal&a=page_user_top などはその一例である．
8）総務省『平成24年版　情報通信白書』
http://www.soumu.go.jp/johotsusintokei/whitepaper/ja/h24/html/nc131120.html
9）平塚千尋『新版　災害情報とメディア』リベルタ出版，2012年
10）荻上チキ『検証　東日本大震災の流言・デマ』光文社新書，2011年．小林啓倫『災害とソーシャルメディア　混乱，そして再生へと導く人々の「つながり」』毎

朝日コミュニケーションズ，2011年
11) Putnam, R.D., *Bowling Alone: The Collapse and Revival of American Community*, New York: Simon & Shuster, 2000.（柴内康文訳『孤独なボウリング―米国コミュニティの崩壊と再生』柏書房，2006年）
12) 総務省情報通信国際戦略局情報通信経済室『次世代ICT社会の実現がもたらす可能性に関する調査研究　報告書』2011年
13) M.マクルーハン・E.マクルーハン（高山宏監修・序，中澤豊訳）『メディアの法則』NTT出版，2002年

第2部　広告・デザイン・アート

第4章

広告にとってのメディアと表現

河合　良文

第1節　変貌する現代の広告

1．広告と私たちの毎日

　広告はうっとうしいけど，ちょっと気になる奴である。

　今日もテレビをつければCMがうるさく呼びかける。ネットに接続すれば，「こんなのお好きでしょ」と勝手に誘いかけてくる。街に出れば特大画面のデジタルサイネージ（電子看板）が目を奪う。ウザい，邪魔者，社会の迷惑と，白い目で見られても仕方ないほどの洪水。私たちの毎日は，好むと好まざるとにかかわらず，さまざまな広告に取り囲まれている。だが，なくなってしまった世界を想像すると，どこか寂しいし，第一そんなことは起こりえない。

　広告はメディア表現の一形式として，ときに笑わせてくれたり，深くうなずかせてくれたりしながら，現代の情報社会にしっかり根付いている。私たちは，広告のある世界に生きているのだ。

　では，あらためて，広告とは何だろう。

　「広告」という日本語が登場するのは明治時代に入ってからである。もちろんそれ以前からも，商取引があるところには必ずと言っていいほど広告的なものは存在していた。店の看板・のれんがそうだし，江戸時代の引き札は今日のチラシの原型だ。いま私たちが日常生活で「広告」をクチにする時，広告物（Advertisement）をさす場合と，広告活動（Advertising）を意味する場合がある。掲出されたポスターやTV-CMは前者で，企業が広告することや一連の

広告作業などは後者にあたる。明確に区別される英語とちがって，日本語では文脈で使い分けられるのが実態だ。

２．広告を定義すると

　広告概念は，その時代の社会・文化，人びとの価値観などを前提にして成り立っている。時代とともに変化・増殖してきたし，これからもするだろう。広告科学の立場から最もポピュラーな定義は，アメリカ・マーケティング協会（AMA）によるもので，何度かの改訂を経て現在のWEBサイトにはこうある。

　　Advertising: The placement of announcements and persuasive messages in time or space purchased in any of the mass media by business firms, nonprofit organizations, government agencies, and individuals who seek to inform and/ or persuade members of a particular target market or audience about their products, services, organizations, or ideas.
　　（http://www.marketingpower.com/_layouts/Dictionary.aspx?source =footer）

　広告とは，営利企業，非営利組織，政府機関，個人が，特定のターゲット市場やその構成員に対して，製品，サービス，組織，アイデア（考え方や理念）について，伝達または説得をするために，大量伝達が可能なメディアの時間やスペースを購入して，内容告知と説得的なメッセージを掲出すること。

この定義は５つの基本的要素から成り立っている。

① **広告主がはっきりしている**　広告の送り手は，識別可能な広告主である。一般的には企業名が明示され，商品ブランド名が使用されたりもする。お金の出所を明確にするとともに，責任の所在を明らかにする意味がある。

② **伝えたい誰かがいる**　広告の受け手は，特定されたターゲットとして，送り手から選択される。ターゲットの絞り込みは，予算の投下効率を高め，説得力を増すことにつながる。

③ **伝えたい内容がある**　広告は商品・サービス情報の提供だけに限らない。意見や提案や公共マナーを伝達内容としたり，求人，募金，協力や支援を

第４章　広告にとってのメディアと表現

募る内容の場合もある。

④ **人間以外の媒体を有料で使用する**　印刷物や放送などの非人的媒体を使うのが広告の基本。広告メッセージは，広告主による管理が可能な有料メディアを通して，一度に大量の受け手に到達する。人的販売などの対面コミュニケーションと異なる点であり，無料で掲出されるパブリシティとも区別される。

⑤ **達成したい目的がある**　広告には必ず，伝達あるいは説得という広告主の意図や目的がある。受け手を納得させるようなコミュニケーションを通じて，なんらかの態度変容を迫るのだ。最終的には，購入してもらう，愛用してもらうことであったとしても，そこに至るまでに名前を知ってもらうことや，理解してもらう，先行の競合ブランド群に割り込んで選択肢に加えてもらうなど，さまざまなレベルの目標が設定される。

　以上5つの要素を厳密にとらえ，広告の領域を限定する考え方もある。しかし今日の広告事情は，はるかに複雑なものとなってしまった。

3．今日の広告とは

　生活者が広告を見る目は，時とともに肥えてきた。美辞麗句に惑わされることもなければ，都合のいい一方的な説得には耳を貸そうともしない。広告主にすれば，多額の広告費を投下してもなかなか目的を達成できない，むずかしい状況なのだ。

　生活者が変化する一方で，メディアの進化もいちじるしい。とりわけインターネットの日常生活への浸透は，消費者の購買行動を大きく変えた。手ごわい受け手は，広告主と双方向のコミュニケーションを交わし，いまやSNS（Social Networking Service）という最新の武器によって，広告主のコントロールが利かない場所で，送り手に変身しさえしている。

　どうやら現代の広告は，旧来の定義を超えてその概念を拡張し，生活者側の視点から再整理した方がよさそうだ。

　いま私たちは，購入するものによって，また知識の深さや状況に応じて，い

ろいろな情報に触れ，それを選別して意思決定をしている。この流れをスムーズにするのが「広告」と考えれば，その本質をもっと理解しやすくなるのではないか。消費者が必要とする情報を，必要とする時に，企業が主体となって届けること。それは"広義の広告"と言っていい。広告という紛らわしい言葉を捨てて，"マーケティング・コミュニケーション"と言った方が適切かもしれない。どちらにせよ，広告ビジネスの現場，実務の世界では，すでに名より実が先行している。多くの企業が，顧客とのあらゆる接点（コンタクトポイントとかタッチポイントと呼ばれる）を想定し，意のままにならないもどかしさを感じながらも，これをどのように管理し，統合的に活用していくかに挑んでいるのだ。そこでは，広告主が明示されていなかったり，媒体が非人的なものでなかったり，料金が発生しなかったり，それでも「消費者ニーズにあった情報提供」という広告の機能は立派に果たしている例が，続々と生まれている。

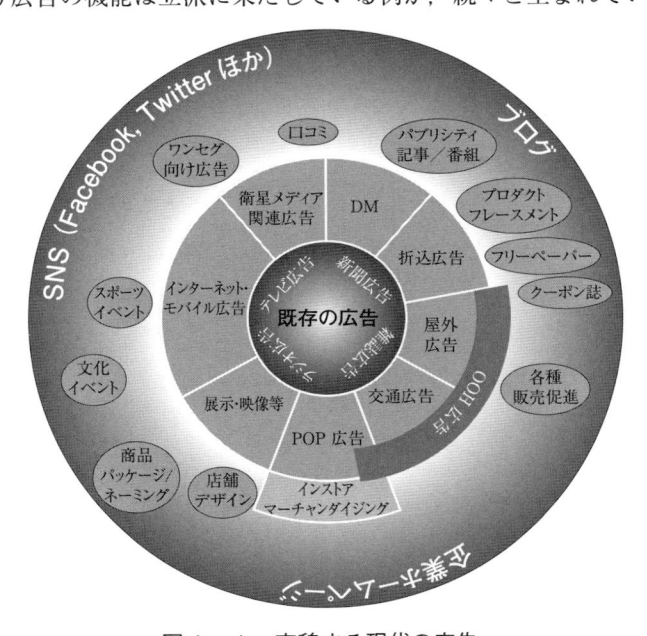

図4－1　変貌する現代の広告
（出所）　嶋村和恵監修『新しい広告』2008年　p.19をもとに筆者作成

第2節　広告メディアは届ける・つなげるために

1．メディアと広告

　届かないラブレターと同じように，届かない広告には意味がない。広告にとってメディアは，ターゲットにメッセージを届けるための手段である。

　新聞やテレビなどのマスメディアは，本業は別のところにあるが，大量の広告情報を送り手（広告主）から受け手（消費者）に運ぶための有力なビークル（乗りもの）となる。一方，都心の巨大な屋外看板や最新のデジタルサイネージなどは，はなから広告メディアとして生まれたメディアで，そのものがメッセージと一体化して注目を浴びたりもする。メディアのタイムやスペースの確保は高額になるので，限られた予算で効率よくターゲットに「届ける」ためには，キメ細かなメディア・プランニングが必要となってくる。広告会社もコンピュータによる最適化モデルの開発に余念がない。

　首尾よく届いた広告が，つねに受け手に歓迎されるとは限らないのも，ラブレター同様の現実だ。ネットの普及で，消費者は自由にメディアを選択して，情報探索やチェックもできるようになった。あなたも何かを買う時に，ヤフーやグーグルで検索し，メーカーのWEBサイトで商品情報を調べ，価格.comや@コスメで評価をチェックしたことがあるはずだ。FacebookやTwitterなどSNSでの友達の意見が決め手になったかもしれないし，購買後にはあなた自身が感想を発信したかもしれない。企業サイドからみれば，新たなメディアを通じたこうした行為は，ブランドへの好意や理解を深めてもらうための新たな機会でもある。「届ける」だけでなく「つなげる」。ここで広告メディアに，もうひとつ今日的な役割が加わることになるわけだ。TV-CMで頻繁に見られる「つづきはWEBで」や「○○で検索」は，ほんの一例にすぎない。旧来の広告定義にあった「有料の非人的媒体」には当てはまらない店頭や販売員，パッケージ，口コミなども，ブランドと消費者をつなぎ，コミュニケーションの流れをつなぐ役目を果たすことから，今日の企業にとって軽視できない広告

メディアと位置づけられている。

　図4－2は電通が日本国内における年間広告費を媒体別に推定したもので，広告メディアの全体像を知ることができる。ただし，あくまで広告費として計上された数字に限られているので，広義の広告すべてを反映したものではない。

2．マスメディア広告

　マスメディア（新聞・雑誌・テレビ・ラジオ）広告は，影響力に衰えは見えるものの，金額的にはいまだに日本の広告費全体の約半分を占める。とくにテレビは1970年代前半からトップの座にあり，いまなお約30％のシェアを誇る最大の広告メディアとして君臨している。

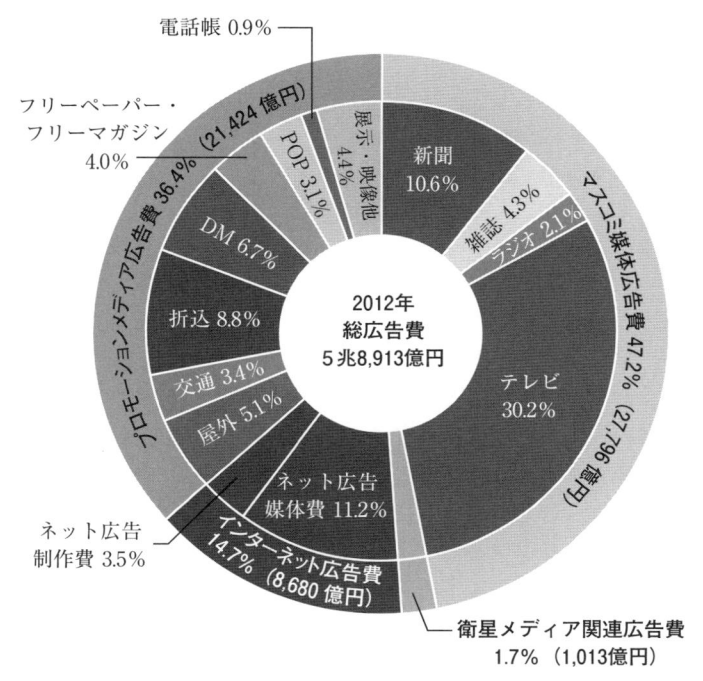

図4－2　日本の媒体別広告費

（出所）　電通『2012年日本の広告費』

第4章　広告にとってのメディアと表現

広告メディアの観点から，まずマスメディアに共通する特長をつかんでおこう。最大の特長はその名の通り，不特定多数（マス＝大衆）に同時に到達できることである。さまざまな消費者層に同時に情報伝達できるので，企業・商品のブランド認知や好意形成を広く行うことができる。またその影響力から，口コミなどの相乗効果を生むことがあり，流行，ムーブメント，世論の形成に至らせることも可能である。マスメディアがもっている安定的で信頼度の高い情報提供体制は，広告の信用につながり，ブランドイメージの形成にとって有効となる。また多くの人びとは，マスメディアで扱われた有益な情報を日常生活に取り込んで，生活上のルールやものごとの判断基準としている。広告でもこの効果を利用して商品選択基準を提示したり，新しい生活提案を行ったりすることが可能になる。

　メディアの広告価値をみる上で基本となるのは，リーチ（到達）とフリークエンシー（頻度）の概念だ。どれだけの人に何回接触できるか。たとえばテレビのGRP（総視聴率 Gross Rating Point）は，オンエア時刻の視聴率にオンエア回数を掛けた数字を足しあげたもの。メディアミックスが当たり前になっている今日の広告キャンペーンでは，この考え方は他の媒体にも適用され，広告取引料金を決めたり広告効果を測ったりする際によく使われる。

　第1章で学んだメディアの知識を前提に，広告から見た個々のメディアについて触れておこう。

① **テレビCM**　テレビの広告はTV-CMと表記され，今日なお最も社会的な影響力がある広告としておなじみだ。ストーリー性のあるインパクトの強い映像と音による訴求が可能で，すばやく高いリーチが稼げる。広告形態はタイム広告とスポット広告の2種類に大別される。タイムはスポンサーとして提供する番組の中で流す広告で，セールスの最小単位は30秒，契約期間は2クール＝6カ月が基本。視聴者に定期的・継続的に接触させることができ，番組内容と企業イメージの相乗効果をはかることが可能だ。スポットは番組と番組の間，"ステーションブレイク"と呼ばれる時間に流れるCMで，最小単位は15秒。時期やエリアを選択でき，短期間で急

速に認知を高めることができる。新発売商品やシーズン商品などでは，タイムリーな出稿で購買を刺激することができ，コンビニやスーパーなどの陳列棚スペースの確保，流通バイヤーとの交渉に貢献するなどの営業支援効果も見逃せない。テレビの広告料金は，スポンサーとしての実績や需給関係で変動するが，各放送局は視聴率をもとにして曜日や時間帯別にタイムランクという料金基準を設けている。通常は19時から23時までのゴールデンタイムがAランクで最も高く，早朝や深夜はCランクの安い時間帯となっている。

② **ラジオCM** ラジオはいま，radikoなどインターネット経由でのリスナー獲得をめざすなど，再生を模索している音声メディアだ。広告的には，家庭や職場での作業中やクルマでの移動中でも接触できるという「ながら聴取」が最大の武器。TV-CMを音声連動でサポート（イメージ・トランスファー効果）したり，キャンペーンの谷間でのブランド忘却防止をはかったりするケースが多い。耳に訴えるユニークな表現で，想像力をかきたてるCMにも時おり出会う。ドラマや深夜番組，ナイター中継など固定ファン層が多いことは，広告にもプラスだ。料金体系は，基本的にテレビに準ずる。

③ **新聞広告** 日本の新聞は，5,000万部を超える日刊紙の発行部数といい，全国的に完備された宅配制度といい，世界的にも特異な普及ぶりを示すメディアである。歴史に裏付けられた社会性と信頼性は，そのまま新聞広告の信頼性に結びつき，企業姿勢やメッセージの訴求には欠かせない。毎日発行され確実なリーチを獲得できるので，新商品やサービスの立ち上げ告知に好適だ。精読率が高く保存がきく点は，商品・サービスへの理解を促進するのに有効。電話番号・URL・QRコードなどを付けることで，レスポンス獲得やつながりも図れる。新聞広告はスペースによって2種類に分類される。記事下広告と，記事中に浮き島のように配置される雑報広告。大半の新聞社は，スペースに応じた掲載料を基本に，期間内契約段数で単価が変わるスライド料金制をとっている。伝統ある紙媒体としての新聞の

広告メディア価値は計り知れない。他方，周知の新聞離れがつづく。電子版の試みも，新聞広告にとっては歓迎されざるものだ。

④　**雑誌広告**　雑誌はクラスメディアと呼ばれるように，あらかじめ読者層が絞られているので，本来的に広告との親和性が高い。個々の雑誌が持つイメージとの相乗効果が狙え，編集タイアップ広告などで共感を獲得するのも得意技。ファッションや化粧品広告などの美しいビジュアル展開は，ブランドイメージ醸成に大きく寄与する。広告スペースは特殊面と中面に大別され，表4と呼ばれるウラ表紙や，表紙の次頁の表2，中綴じ雑誌の真ん中のセンター見開きは，一等地だ。掲載料は発行部数に左右されるが，ターゲットへの確実なリーチという点で費用対効果は高いと評価される。

3．インターネット広告

時代を主導するメディアに相乗りするのは，広告の性(さが)である。人が集まるところ，広告あり。古くは歌舞伎に，そして新聞に，近くはテレビに寄り添ってきた。21世紀のいま，広告はインターネット・メディアに夢中だ。

私たち生活者にとって，ネットはこちらから働きかける能動メディア。必要な情報を，自ら探し求めるアクションから始まる。マスメディアなど従来の一方通行型の受動的メディアとは，この点が根本的に違う。逆にいえば，送り手である広告主企業にとっては，これまでの手法では対応できない，しかし多くの顧客と「つながる」ことができる，ゼッタイに見過ごせないメディアなのだ。双方向性＝インタラクティブという類いまれな特性は，ネット広告を考える上での基本となる。さらに即時性，拡散性という武器もあわせ持ち，若年層の支持が高いとなれば…。新しいもの好きの広告界を刺激しないはずがない。

初期1990年代のインターネット広告は，静止画のバナー広告で，従来型のチラシ広告の域を脱しなかった。デジタルテクノロジーの進展は，あっという間に動画映像などリッチコンテンツを可能にし，ショートムービーというネット向け長尺CMを生み出した。PCからモバイルへと主力デバイスが変わり，いまスマートフォンやタブレット端末が普及し…絶え間ない技術革新が，そのた

びに新たな広告手法の開発をうながしている。ホームページの名で親しまれる企業WEBサイトは，企業にとって使いたい放題の自社メディア。広告メディアとしての活用はもとより，販売と直接結びつかない生活情報を提供し，参加・交流の場としてコミュニティ性の高いページを開設する例もみられる。

　費用対効果の明確さもまた，旧来の広告取引のあいまいさに不満を抱えている広告主にとって，歓迎すべきネットメディア特性である。マーケティング戦略を立てやすいし，客観的数字なので社内の説得もしやすい。現時点でインターネット広告の成長を牽引しているのは「運用型広告」。インターネット広告媒体費の約半分（2012年は3,391億円）を占める。2013年電通発表による新しい呼称で，アドテクノロジーを活用したプラットフォームにより広告の最適化を自動的もしくは即時に支援するような広告手法をさし，検索連動広告の他にアドエクスチェンジや一部のアドネットワークなどがこれに含まれる，とある。リアルタイム入札のようで，明朗会計だ。

　サイトの閲覧履歴や検索履歴，広告反応履歴などを組み合わせたデータから趣味・嗜好を分析して属性を推定し，属性ごとにターゲティングを行って広告を配信する。そんなことが当たり前にできる時代になった。たしかに広告効果は高いだろう。が，ユーザーのプライバシー保護の問題は終始つきまとう。

4．プロモーション・メディア広告

　広告メディアには，上記のマスメディアとインターネット・メディア以外にもさまざまなものがある。分類上の定説はないし，テクノロジー次第でジャンルをまたぐもの，収まりきれないものが次々登場する，すぐれて実務ビジネス領域なのだ。ここでは毎年の電通発表と日経広告研究所の『広告白書』にならい，プロモーション・メディアという慣例呼称を使うことにする。

　金額ベースでのトップは折込広告。雑誌やラジオの数字を上回るという事実は，予想外かもしれない。地域の広告情報を満載した身近な広告メディアだ。わが国独特の新聞宅配制度に支えられ，販売店の重要な収入源となっている。DM（ダイレクトメール）も古くからの広告メディアだが，通販系の業種で，通

販サイトによるコミュニケーションだけでなく紙のカタログが再認識されるなどの動きもあり，健在ぶりを示している。フリーペーパーは『R-25』などで一世を風靡した広告メディアだが，ほぼ行き渡った感がある。

POP（Point of Purchase）は，商品陳列棚のステッカーなど店頭の販売促進物のこと。展示・映像の広告費には，トレードショーのスポンサーシップ，ブースの制作，コンベンション運営費，広告PR映画などが含まれる。ただしどちらもアメリカでは，広告として認知されない。

交通広告と屋外広告はまとめてOOH（Out of Home）メディアと呼ばれることが多く，自宅外にいる消費者をターゲットにした媒体だ。都市生活者にとって，鉄道などの交通機関は通勤・通学に欠かせないもので利用頻度が高い。路線や駅などで利用者をセグメントできることは，ターゲットの絞り込みに適している。駅構内の売店や駅ビルで扱われる商品では，販売に直結することもある。屋外広告は古くから看板として，定番のブランド訴求メディアであった。近年は，デジタルサイネージなど技術進歩がいちじるしい。大型モニターによる映像メッセージの提供は，都市の見慣れた風景と化している。

第3節　広告表現は人とこころを動かすために

1．表現には無限のパワーがある

たったひとつの広告表現が，世界を変えることもある。

広告界でいまなお語り継がれる伝説からはじめよう。1984年1月22日，全米一の視聴率と世界一のオンエア料で知られるNFLスーパーボウルの中継番組で，その60秒TV-CMは放映された。場面はジョージ・オーウェルのSF小説『1984』を彷彿させる情報管理社会。人びとを洗脳しあやつる独裁者ビッグ・ブラザーに，たったひとりの女性戦士が挑む。メッセージは，「1月24日アップルから，マッキントッシュ新発売。現実の1984年はあの『1984』にはならないことが，あなたにもわかるはず」。当時コンピュータ業界を事実上独占していた巨人IBM（ビッグ・ブルーと呼ばれていた）に対する，スティーブ・ジョブ

ズ率いるベンチャー企業 Apple からの挑戦状だった。監督は『ブレードランナー』のリドリー・スコット。たった一夜で，カラフルなりんごのマークとアップルの名が世界中に知れわたった。

もうひとつ，国内に目を転じて近作を挙げておきたい。九州新幹線の全線開通を告知する180秒 CM だ。思いおもいのパフォーマンスで開通を祝う沿線の人びとを，車窓からとらえた映像がつづく。ネットでの事前呼びかけにこたえて，撮影日にボランティアで集まってくれた各地域の住民だという。編集のテンポといい，音楽といい，実に心地よい今日的作品に仕上がっている。だが2011年3月12日全線開通日のまさに前日，あの3.11東日本大震災が起こった。全編お祝いムードのこの告知 CM は即時オンエア中止。実際にオンエアされたのは，一部ローカル局で，11日以前のほんの数回にすぎない。この長尺 CM を世に知らしめたのは，インターネットなのだ。ネットにアップされた心温まる映像は，またたく間に口コミで拡がる。震災後の閉塞ムードを乗り越えて，復興に向かう人びとへの応援歌としてマスコミにも取り上げられ，日本中で歓迎された。年度代表 CM としてだけでなく，とくに若い世代には忘れられない広告表現のひとつとして，今後も記憶に残ることになるだろう。

図4－3　JR九州
（出所）"九州新幹線全線開業 総集編"TV-CM より

2．広告表現の役割

広告表現とは，広告目標を達成するために，広告主の伝えたいポイントを，想定したターゲットが理解しやすいカタチに翻訳した広告物を企画・制作することである。ちょっとややこしいが，ラブレターそのものと考えれば理解しやすい。たいせつなのは誠意。だが誠意だけでは通じないのも，ご存知の通りである。イヤな言い方になるが，若干の説得テクニックが必要とされる領域で，

だからこそ広告表現のプロフェッショナルが存在するのだ。

　広告表現は，メディアに規定される。新聞広告には新聞らしい表現があり，TV-CMにはテレビにふさわしい表現が，それぞれに開発されてきた。だがそこには広告であるかぎり，共通して求められるいくつかのポイントがある。

　ラブレター同様に手に取ってもらうためには，「おや？　何だろう」とまず注目され，関心を持ってもらわなければならない。目立つ，あるいはインパクトがあることは，広告表現が宿命的に背負わされた条件である。

　そして中身。どの広告主も伝えたいことは山ほど抱えている。生活者には，そんなものにつきあう義理はないし，時間もない。したがって広告物は，広告主の伝えたいことを，非常に限定されたタイムやスペースの中に凝縮したものとならざるを得ない。受け手のために端的で，わかりやすい表現に変換する必要がある。シンプルであれ，は広告表現の鉄則だ。

　最後はもちろん，「なるほど！」と共感してもらうこと。受け手を魅了するあざやかな着地が決まれば，広告表現はその目的を達成したことになる。商品や企業に対する好意度が上がったり，ネットでつぶやいてくれたりすれば，表現者冥利に尽きるし，広告主も大満足となる。

　優れた広告作品を見て，制作者の感性，発想力，美意識やセンスに脱帽することは多々ある。が，広告はあくまで広告目標を達成するためのメッセージ，緻密に計算された制作物であって，自由奔放な自己表現としての芸術作品とは根本的に違う。広告表現が「制約の中の表現」とされ，他の表現と大きく異なる所以（ゆえん）である。

3．何をどう伝えるか

　広告作業は，オリエンテーションに始まる。多くの場合，市場環境や競合状況，広告する目的，具体的な広告目標，ターゲット設定，伝えたいこととその根拠，予算などが広告主から提示される。

　なかでも「広告のヘソ」と呼ばれるほど重要なのがコンセプト。「何を伝えるか（What to say）」をひとことでまとめた部分だ。前出のAppleの例なら

「既存のコンピュータ世界をぶちこわす革命的ツールの誕生」であり，JR九州新幹線でいえば「九州をひとつに！　みんなの夢をのせて全線開通」となる。

　何を伝えるかが絞りきれていないと，出来あがる広告は的外れなものになる。たとえばクルマの広告でいうべきことは，ステイタス・シンボル，走りの良さ，ラグジュアリー空間，スペース効率，価格，燃費，環境性能など，選択肢はいろいろあり，事実，人びとの価値観とともに推移してきた。厄介なのは，広告主の自社商品に対する過剰な期待から，手前勝手な伝達内容になったり，消費者にとってどうでもいいことであったりする場合だ。両者のあいだに立つ制作者は，消費者の立場・視点で考えたコンセプトを探り，ときには広告主に逆提案することもある。そうして合意されたコンセプトは表現戦略の要（かなめ）となり，広告づくりの憲法として，作業に関わるすべてのスタッフに共有される。

　次の段階の「どう伝えるか（How to say）」は，人に振り向いてもらうため，興味をもって受けとめてもらうための戦術と言っていい。表現者の技量が問われる舞台でもある。最小単位はふたり。ことばを担当するコピーライターと，ビジュアルを受けもつアート・ディレクター。TV-CM企画ではCMプランナー，WEB企画ではWEBプランナーと呼ばれるプロが参加することもある。チーム全体をまとめるのはクリエイティブ・ディレクターの仕事である。

　ここでの主役は，クリエイティビティ＝創造力だ。コンセプトから逸脱しない限り，自由に想像の翼を広げることが許されている。面白いことば，美しい写真，軽快な音楽，訴えかける映像ストーリー，人気のタレント…あらゆる企画アイデアが俎上にあげられ，表現手法が検討される。広告規制に抵触しないことも大事なチェックポイント。つまらない案は容赦なく捨てられ，選ばれた案はさらにブラッシュアップされる。広告表現はこうした産みの苦しみを経て，広告物となり，メディアに載って私たちの前に姿をあらわす。

　世の中には，私たちを楽しませてくれるさまざまな広告表現がある。直接に語りかけてくるもの，やんわり語りかけてくるもの。いずれにせよ広告表現がめざすのは，より多くの人びとを購買という「行動」に向かわせることであり，好意を獲得するために人びとに「感動」を与えることである。

そのために制作者は，理性で表現戦略を組み立て，感性で表現開発し，技術で広告表現を定着させる。アタマもこころも手も，フル稼働。そうしてはじめて，人を動かし，こころを動かす広告表現が生まれるのだ。

4．WEB広告表現の特殊性

一般の広告表現がアテンション（注目）とインタレスト（興味喚起）に注力するのに比して，ネット経由でWEBサイトを覗きにきてくれた人が相手のWEB広告表現は，事情がちょっと違うので触れておこう。

わざわざ店に足を運んでくれたお客さまに接する店員を想像してほしい。ありったけのサービスに努めるはずだ。WEB広告にも「おもてなし」精神があふれている。「つづきはWEBで」の先には，WEBでしか見られないストーリーが展開される。「○○で検索」すると，懇切丁寧なカスタムメイドの情報が提供される。WEB限定のショートムービーはもちろん，メンバーだけが参加できるゲームなどのエンターテインメント・コンテンツも，広告表現と考えていい。時間とスペースにしばられないというメリットは，広告主を制約のくびきから解き放った。内容さえ充実していれば，楽しませることさえできれば，ありがたい固定客，ファンとして，長期に囲い込むことができる。共感してもらえれば，インフルエンサーとして他の客を連れてきてもらうこともありえるのだ。

WEB広告の多様化と進化は，既存メディアの表現をも良い方向に導く。役割分担の明確化で，たとえばTV-CMや新聞広告は，新規顧客の開拓に専念できるようになる。メッセージがシンプルになった分，表現としてのハバが拡がって，表現クオリティも高くなるはずである。

第4節 《メディア×表現》は，その先へ

1．トリプルメディアで考える

2010年代のいまなお，広告は進化しつづけている。ネット広告はやがてマス

広告に取って代わるだろうとの議論もあったが，現実はそうでもない。広告概念の拡張は，ソーシャルメディアまで広告メディアとして取り込もうとしている。そうした実態に即し，あらためて広告メディアを整理したのが，トリプルメディアの考え方である。3つのメディアとは，以下をさす。

① **ペイドメディア（Paid Media＝買うメディア）** 企業が有料で（媒体費を支払って）広告を掲出する従来型のメディア。直接的な購買よりも，広く認知を獲得し，他の2つのメディアに見込み客を誘導する，きっかけづくりの役割を期待される。

② **オウンドメディア（Owned Media＝所有するメディア）** 企業WEBサイトやブランドサイト，メールマガジン，自社店舗など，企業が所有するメディア。双方向コミュニケーションで関係性を高めることにより，顧客確保，ロイヤルティ強化の役割を担う。

③ **アーンドメディア（Earned Media＝信頼や評判を得るメディア）** ソーシャルメディアを筆頭に，ブログ，テレビ番組，新聞記事など，信頼や評判を獲得できるメディア。好意的な世評の発生を導く。

この3つのメディアをうまく連動させることを，現在多くの企業が重視している。TV-CMが話題となって認知をひろめる⇒ブランドサイトに誘導して顧客を確保する⇒つぶやきや書き込みで評判を増幅する。現代企業が描く，理想的な広告活動の流れだ。

ソーシャルメディア全盛のいま，企業は乗り遅れまいと，こぞってTwitterに公式アカウントをもち，Facebookに自社ブランドのページを作る。しかし，生活者が主導権をもつアーンドメディアをコントロールすることは，一朝一夕にはできない。企業であることを明らかにした上で，ネット上に作られたミニ社会の一員として認知されるための努力をかさねる必要がある。実際ソーシャルメディアでの広告的発信は，素人っぽく，さりげなく，コツコツこまめに行われている。長期にわたる，地道なチャレンジにならざるを得ないのだ。

2．クリエイティビティこそすべて

　広告に接触させるためのメディア戦略はもちろん大切だが，人が広告に出会った時にこころを動かされるのは，やはり卓越した広告表現である。そこに見られる圧倒的なクリエイティビティであり，斬新なアイデアである。この真実は，おそらく永遠に変わらない。

　世界最高峰の広告の祭典として前世紀から親しまれてきた『カンヌ国際広告祭（Cannes Lions International Advertising Festival）』が，2011年その正式名称を『カンヌライオンズ国際クリエイティビティ・フェスティバル（Cannes Lions International Festival of Creativity）と改めた。広告（Advertising）という言葉が消えたのだ。もともとフィルム部門からはじまったカンヌは，拡がる広告に対応して，今世紀に入り次々と部門を増やしてきた。そしてついに名称自体の変更に至った。それは狭義の広告への決別であり，第1章で述べた広義の広告，マーケティング・コミュニケーション上のすべてを対象にするという宣言でもある。それだけ広告の領域が拡大したことは世界共通の認識になっている，と受けとめていい。代わってのキーワードをクリエイティビティの一語に絞りきったところが，いかにもカンヌらしくシンプルかつ大胆で潔い。

　象徴的な例をひとつ挙げよう。2013年カンヌの話題をさらった，メルボルン鉄道の"Dumb Ways to Die（おバカな死に方）"という，地下鉄での転落事故を減らすための統合キャンペーンだ。ただしTV-CMではなく，YouTubeの動画を中心に置いたところが今日的である。3分間ほどのアニメーションで，とぼけたキャラクターたちが，ひたすらおバカな死に方を歌い演ずる。つかみのバカバカしさに引き込まれ，楽曲と絵の進行とともに，じんわり情緒に訴えかけられてしまう。計算通り，人びとに「あれ見た？」が伝播したという。なんとゲームアプリもあるようだ。安全啓発PRの常識をくつがえす，ちょっぴり毒のある，しかし鮮やかなクリエイティビティだ。

　メディアと表現は一体となって機能する。そして組み合わせによっては，新たな広告への可能性がひろがる。メディアが多様化し，表現も技術的に高度化する現代であればなおさらである。卓越したクリエイティビティや，コンテン

図4-4　豪メルボルン鉄道
(出所)　"Dumb Ways to Die"編　ユーチューブ動画より

ツをクロスさせるなどの斬新なアイデアに接して初めて，今日の成熟した消費者はこころ動かされ，企業や商品にアプローチする。

　広告というフィールドで，企業と消費者の追いかけっこに終わりはない。飽きられても飽きもせず，また新たなクリエイティビティで，私たちの目を驚かせ楽しませてくれるだろう。

第5章

デザインの重要な視点

安楽　豊

第1節　デザインの成り立ち

　デザインという表現活動は，現代社会の基盤を築いた近代において形成されたといえる。18世紀中期から19世紀中期にかけて，イギリスを発祥として世界に広まった産業構造の工業化の波，産業革命は現代社会においても継続している大量生産大量消費の社会構造を誕生させた。工業化が進むにしたがい製造過程の機械化が進み，人びとが手にしたり目にしたりする品々が大量に作られるようになった。そして，それらを人びとに消費させる仕組みが構築されていった。それ以前，人びとの生活を支えるさまざまな品々は，手作業によって製造される手工業品が主流だった。受け継がれてきた技術を身につけた職人が時代や文化を吸収し，それらを反映させながら製品を作っていた。しかし，産業革命以降，手工業による物づくりの仕組みは，機械工業によりつくられる廉価な製品に押され衰退していく。このような社会構造の大きな変革期以降，デザインに関係する動きがヨーロッパ各地で発生した。

　19世紀中期，イギリスのウィリアム・モリスは，機械化により生産された製品があまりにも反自然的な形をしていることに衝撃を受け，自然的な素朴な美しさを生活の中に取り戻さなければならないと考え，アーツ・アンド・クラフツ運動を起こした。中世の芸術と生活が統一されていた手工芸の復興を目的として，建築，家具，装飾品，本などを制作した。またフランスでは18世紀末期から工業化の進行により非人間的な様式が拡大していくのに反対する芸術の

反体制運動，アール・ヌーヴォーが起こった。水の流れやつる草，女性の髪の毛などのうねるような曲線を建築や家具，ポスターなどのデザイン要素として取り入れた作品が制作された。1900年にパリで開催されたパリ万国博の影響もあって，アール・ヌーヴォーのデザイン様式が世界的に広がった。イギリスのアーツ・アンド・クラフツ運動，フランスのアール・ヌーヴォーは特徴的なデザイン様式を生み出したが，工業化を進める時代の流れや第一次世界大戦の影響などで徐々に衰退していく。

　20世紀に入ると，ロシアやドイツで新しい動きが見られるようになる。1914年に勃発した第一次世界大戦の影響で装飾的なデザイン様式は一種の罪悪と見なされ，近代化，工業化に適合したデザインが求められ，直線的で人工的なデザイン様式が生み出されて発展していった。また写真技術の進歩により，それまで絵画的表現を応用していたポスターなどの印刷物に写真技術を取り入れた表現が導入された。これは，今日のグラフィックデザインの基礎を築いた特徴的な出来事といえる。ロシアでは1917年のロシア革命により社会主義国家「ソヴィエト・ロシア」が誕生した。若い芸術家たちは，人類の明るい未来への第一歩と受け止め，さまざま芸術分野で意欲的に新しい表現を試みた。このロシアの芸術運動はロシア構成主義と呼ばれる。その表現の特徴はデザイン要素として幾何学的図形を用いたり，写真によるフォトモンタージュの手法を用いるなど非常に人工的なデザイン様式であった。同じ頃，ドイツでは人びとの生活機能の総合の場である「建築」の下に絵画，彫刻，工芸などの諸芸術を結集し，造形芸術の再統一を達成することを目的に総合美術学校，バウハウスが設立された。バウハウスでは限定的なデザイン様式の確立ではなく，実験的で多様な表現が試行された。それにより現代デザインの基礎となる表現が誕生したといえる。たとえば建築や工業製品のデザインにおいては装飾的な美しさではなく機能を追求することで現れる形の美しさ，機能美という考え方や新しいタイポグラフィの提案，写真を使用したグラフィック表現など現代のデザイン表現にも見られる新しい表現手法を開拓していった。

　このように産業革命以後，デザインは新しい社会構造の形成とともに1世紀

半で誕生し進化した領域である。すなわちデザインという表現活動は現代社会の社会構造の仕組みの一部といえる。したがってデザインの目的は社会と密接に関係している。デザインの目的は社会に存在する問題や課題を解決し改善するための提案とみることができる。たとえば人びとの生活を支えたり豊かにする製品をデザインするプロダクトデザイン領域は，それまで不自由であったり，不便であった問題を改善することになる。そして新しいライフスタイルを提案することができる。また，さまざまな情報を提供する出版メディアに関係するグラフィックデザイン領域は，情報を必要とする人びとに効果的，合理的に情報を伝達することで情報の不平等を是正することができる。さらに製品や印刷物などデザインされたものが大量に社会に行き渡る現代では，デザインされたものはある種の公共性を持つことになり，人びとの生活に大なり小なりの影響を及ぼす存在になる。このようにデザインという表現活動は現代社会を円滑に駆動させる役割と公共性を意識した重い責任のある表現活動といえる。

　現在，社会構造の複雑化や業種の多様化によりさまざまな分野にデザインする対象が存在するようになり，デザイン領域の細分化が進んでいる。主なものを上げると下記のようになる。

○プロダクトデザイン系（立体系のデザイン）
　・プロダクトデザイン：さまざまな製品などの立体物のデザインの総称
　・インダストリアルデザイン：自動車や家電などの工業製品のデザイン
　・インテリアデザイン：建物や乗物の内部や家具などのデザイン
　・エクステリアデザイン：建物や乗物の外部などのデザイン
　・ファッションデザイン：衣服のデザイン
　・アクセサリーデザイン：装身具のデザイン
　・ディスプレイデザイン：ショーウィンドウなどのデザイン
　・フラワーデザイン：花を用いたデザイン

○建築系
　・建築：建築物のデザイン
　・環境デザイン：都市や地域のデザイン

- スペース（空間）デザイン：屋内外の空間のデザイン
- ショップ（店舗）デザイン：店舗の内外装のデザイン
- ガーデンデザイン：庭のデザイン
- ライティングデザイン：照明のデザイン

○**グラフィックデザイン系（平面系のデザイン）**
- グラフィックデザイン：出版物や広告物など平面物のデザインの総称
- 広告デザイン：ポスターや新聞広告などのデザイン
- エディトリアルデザイン：雑誌などの出版物のデザイン
- ブックデザイン：書籍などの出版物のデザイン
- ウェブデザイン：ウェブページのデザイン
- パッケージデザイン：商品などの包装のデザイン
- タイポグラフィ：書体や文字組みなど文字に関するデザイン
- サインデザイン：標識や案内表示などのデザイン
- キャラクターデザイン：アニメやゲーム，広告などのキャラクターのデザイン
- シンボルマーク：企業など団体のマークのデザイン
- ロゴタイプ：企業など団体の名称のデザイン
- テキスタイルデザイン：布地の柄のデザイン

　その他にも物理的なものではなく，仕組みや行動などの無形なものを計画する場合にもデザインという言葉が使われる。たとえばキャリアデザインやライフデザインなど数多くの場面でデザインという言葉や考えが私たちの生活の中に浸透している。

第2節　プロダクトデザイン領域の視点

　プロダクトデザインとは私たちの生活の中で使用されているさまざまな製品のデザインをすることである。多種多様な機能を持った製品が私たちの生活を便利で快適なものにしている。私たちの身の回りにあるすべての製品がプロダ

クトデザインについて考えられ作られているといってよいだろう。たとえば携帯電話やテレビ，冷蔵庫，洗濯機などの電化製品，自動車，食器，家具，文具など生活で使用するありとあらゆる製品についてである。近代より製品の製造においては機械化が進み大量に製造されるようになった。その過程で製品の形（デザイン）は大量生産に適した形，すなわち機械が扱いやすい形を優先することがプロダクトデザインの主たる考え方であった。どのような形にすれば機械による製造過程で問題なく効率的に大量生産することができるかが優先された。その結果，作り出された製品は直線的で人工的なものとなった。しかし現代においては製造技術の進歩や素材の開発，製品自体の技術的進歩などにより多様性に富んださまざまな製品が作られるようになった。その結果，製造工程を優先させた考えによるプロダクトデザインではなく，製品とそれを使用する人との関係に基づいた考え方によりプロダクトデザインがなされている。

　プロダクトデザインの目的は「機能」を具現化することにある。製品が持っている機能を効率よく安全に作動する製品自体の形状をデザインすること，そして，その機能をユーザーがストレスを感じることなく利用できる操作性をデザインすることが基本にある。合理性や効率性，安全性が追求されてデザインされた形状は決定的な新しい発明がない限り大きく変化することはない。単純な構造の製品ほど変化が少ないのはそのためである。しかし，現在，技術の進歩とともにさまざまな製品が高機能化，多機能化している。また競合製品との差別化のために特殊な機能を付加する傾向が強まっている。そこで重要視されるのがユーザーの使いやすさを優先させたデザインの考え方，ユーザビリティである。ユーザーが製品の機能を引き出す操作面，インタフェースのデザインの良し悪しがその製品の価値を左右するといっても過言ではない。すばらしい機能を持った製品でもインタフェースが悪く，その機能を十分にユーザーが活用することができなければ意味がないのである。人の身体的な特徴による動作などを研究する人間工学や人が物事をどのように理解し思考し行動するかなどを研究する認知心理学を取り入れたデザインの視点が必要である。またユーザビリティの発想の延長線上にユニバーサルデザインという視点もある。ユー

ザーの年齢や性別，人種，障害の有無などの要因により使用が妨げられないように配慮しデザインする視点である。

さらに地球的規模で問題が悪化している環境問題についても，エコ・デザインという視点でデザインを考える必要が生じてきている。たとえば環境への負荷が少ない素材の開発や選択，耐久性に優れた製品寿命の長い製品設計，修理などのサポートサービスの充実，そして部品や材料のリサイクル率の向上である。

このようにプロダクトデザイン領域では単純に製品の機能を形にするだけのデザインではなく，人びとの生活や社会，地球環境に及ぼす影響など，多角的な角度から製品を考える視点を持ってデザインしていくことが今後，さらに必要になる。

第3節　グラフィックデザイン領域の視点

グラフィックデザインとはもともと出版物や広告物などの印刷物において文字や図版，配色などをデザインすることであった。その意味合いは現在も残っているが，さらに広義的なとらえ方をするようになっている。とくにコンピュータの登場，普及によりメディアの多様化が急激に進んだ現代においては，印刷物などの静的な表現に加え，ウェブページに見られる動的な表現も含めグラフィックデザインとするとらえ方もある。

グラフィックデザインの目的は「情報」を具現化することにある。情報はまずテキストとしてまとめられる。そのテキストを情報発信者の目的を達成するために視覚的要素に変換し構成するのがグラフィックデザインの基本にある。たとえば駅構内に掲示してある商品広告ポスターの場合，その商品の特徴やセールスポイントが商品コンセプトとしてまとめられる。それをポスターのデザイン要素であるコピーやビジュアルに最適なものを精査しながらデザインしていく。とくに広告ではその性格上，ポスターなどのデザイン物が見た人びとの記憶に残り，最終的にその商品等の消費に結びつかなければならない。し

たがって交通広告などのポスターは，短時間の接触で印象に残る瞬間視認性の高いコピーやビジュアルが多用される。そして可視性の高い色彩設計も重要となる。また雑誌や新聞など大量のテキストを提供する出版物のデザインにおいては，まず情報の内容を整理し，視覚的な強弱をどのように付けるか考えることが重要である。これにより文字の大きさ，書体，色彩などを考え紙面の基本的なデザインを行っていく。また出版メディアの特徴としてそれに接している時間がある程度の長さになることから，可読性に配慮したデザイン，つまり視覚への負担を軽減した読みやすさを考えるデザインの視点が必要である。さらにいえば，複数のページで構成される出版物においてはページをめくり読み続かせるような流れのある読みやすさを考える視点も重要となる。ページごとの連続性を意識したテキストやビジュアルのレイアウトにより静的または動的リズムを意識したり，レイアウトの基本的ルールを決め統一感を出すなどの工夫が行われている。

　グラフィックデザインの基本的な表現要素は文字と図版といえる。文字は国や地域により使用する言語が違い形も違う。日本語の場合はひらがな，カタカナ，漢字など文字の種類が多く，それらの形を理解したうえでデザインしなければならない。文字を表現要素としてデザインで使用する際にまず考えるのは書体である。書体を選ぶときの視点として先に述べたような可読性と可視性を考えて決める視点もあるが，どのような印象を読む人，見る人に与えるかを考えて書体を選ばなければならない。書体の形は色彩と同じようにさまざまな印象を演出することができる。書体の形により「力強い感じ」「繊細な感じ」「斬新な感じ」「伝統的な感じ」「若々しい感じ」「落ち着いた感じ」など多彩な演出が可能である。特に企業名や商品名などのロゴタイプをデザインする際は，企業や商品の特徴を考え文字による表現が効果的になるように書体をデザインする視点が重要である。同じようなことは書籍の表紙のタイトルや雑誌の見出しや本文などの書体を考える際にも重要である。場合によっては既存の書体から選ぶのではなく，書体そのものをデザインすることもある。さらに文字の表現として少し付け加えると，文字をどのように組むのかという文字組みも，と

ても重要な視点である。字間（文字と文字の間の空間）や行間（行と行の間の空間）を小さく取るのか大きく取るのかで読む人，見る人に与える印象が変わってくる。このような文字を中心とした表現をタイポグラフィと呼ぶ。

　2つめの基本的な表現要素である図版について述べる。グラフィックデザインで使用される図版にはイラストレーションや写真，図表などがあるが特に現代のグラフィックデザインにおいて最も用いられているのは写真である。写真の最大の特徴は情報の映像化にある。情報を映像化することで同じ情報を文字にするよりも直接的，直感的に見る人に伝えることができる。文字は読解により情報を伝達する。読解はある程度時間を要する段階的な情報の取得方法であるが，写真は瞬間的にその写真を見た人に明確な印象を伝達することができるのである。この効果を有効に利用しているのが広告である。駅構内に掲示されている大型のポスターやビルボード広告，新聞広告などの広告物には広告効果を高めるために写真が有効に使われている。それらの広告物に接する人びとの様子を考えると理由は明快である。なぜなら，人びとが広告物と接している時間は非常に短い。その短い時間に情報を伝達するには，文字を読解させるような広告ではなく，印象的な写真による表現の方が人びとの記憶に残るからである。したがって，フォトディレクションといわれる視点が非常に重要となってくる。フォトディレクションとは広告の内容，ターゲットなどを考えどのような写真が最適なのかを考えることである。その際，ポスターなどの場合は写真を実際にレイアウトすることも考え，写真の構図や色彩も考えなければならない。通常，写真撮影は写真表現を専門とするフォトグラファーに依頼する場合がほとんどだが，依頼の際にどのような写真が必要なのかを明確に伝えるフォトディレクションが，効果的な広告をつくるうえで重要になってくる。このフォトディレクションという視点は広告以外でも写真を多用する雑誌などの出版物でも有効である。

　このようにグラフィックデザイン領域では，情報を具現化し効果的に伝達するためにさまざまな表現が行われている。さらに近年，情報のデジタル化の急激な進行にともないメディアやコミュニケーションの形態が多様化している。

したがって，それらに合致するような新たな視点を持ち表現しなければならない領域といえる。

第4節　マスメディアとデザイン

　マスメディアは情報の発信者が情報の受信者である大衆に一方向的に情報を伝達する形態をとる。マスメディアは多数の人びとに情報を一斉に配信できる強力な力を持っているため，私たちの生活に多大な影響を及ぼしているのである。特に資本主義社会を支えている大量生産大量消費という経済システムにおいて，これまでマスメディアが果たしてきた役割は大きい。またこの経済システムの中にデザインは深く関わってきた。プロダクトデザイン領域は大量に生産する製品が消費者の購買意欲を刺激するように魅力的な形をデザインする。そしてグラフィックデザイン領域は，マスメディアを利用して発信される広告が効果的に消費者の購買行動につながるように広告物をデザインする。このようにマスメディアとデザインは，現代社会のさまざまな活動と密接に連動しているのである。

　私たちの生活に多大な影響を及ぼしているマスメディアととくに密接な関係にあるデザイン領域は，グラフィックデザイン領域である。グラフィックデザイン領域の発展はマスメディアの発展ともにあったと言っても過言ではない。グラフィックデザイン領域ととくに関係が深いマスメディアは，新聞や雑誌などの印刷メディアである。印刷メディアは15世紀中頃，ヨーロッパで確立された印刷術によって産声を上げた。しかし当初，それにより作られる印刷物は一般大衆が容易に入手できるような安価なものではなかった。18世紀中期から19世紀中期にかけてヨーロッパ各地で連鎖的に産業革命が起こる。この影響により，他の工業製品と同様に印刷物が安価に大量に印刷できるようになり，新聞や雑誌などの印刷メディアが広く大衆に情報を伝達する社会的役割を持つメディアとなった。マスメディアの成立である。これ以前，グラフィックデザイン的表現は聖書の写本や少部数の印刷物を制作する際に行われていたが，今日

のように論理的に確立された表現手法ではなかった。しかし，新聞や雑誌などの印刷物が何千，何万と印刷され社会に流通するようになると，文章表現と同様に可読性や可視性を考慮した紙面の見え方の設計，すなわちグラフィックデザインの視点が重要になった。発信する情報の内容により書体の形や大きさ，レイアウトを考えるタイポグラフィの表現手法が発展し，さらに印刷技術の進歩により写真印刷やカラー印刷が行われるようになり，グラフィックデザインの表現の幅は広がった。これは，印刷技術を用いた印刷メディアが，文字による言語表現と色彩や図版などによる非言語表現を有することで，情報伝達のための多彩な表現が可能になったメディアということを意味している。

　現在，メディアは情報のデジタル化による歴史的な変動期の中にある。これまでテレビやラジオ，新聞，雑誌などの伝統的なマスメディアが情報発信の中心を担ってきた。しかし，インターネットなどのデジタル技術を利用した新しいメディアの出現により，情報の流通形態が大きく変容してきているのである。すでにデザインワークの大半はデジタル環境で行われるようになってきているが，メディアの変容にともないデザイン表現にも新たな領域が形成されると予想することができる。

第5節　デジタルメディアとデザイン

　現代社会ではさまざまな情報がデジタル化され，人びとの生活を支えるようになった。デジタル化された情報はコンピュータやスマートフォンなどのデジタル情報端末を介して受信することができる。その大量に行き交う情報を人びとが効率的に活用できるようにさまざま工夫が施されている。

　2000年頃から大容量通信を可能にするブロードバンド回線が普及し，インターネットはさまざまな情報を扱えるようになった。インターネットが登場した初期の頃は情報の主な表現形態は文字であった。それが通信技術や電子技術が段階的に進化する中で，静止画像が扱えるようになり，音声，そして動画像が扱えるように拡張していった。今日のウェブページでは文字や音声，静止画

像，動画像などのマルチメディアを表現要素としてデザインされている。またこのインターネットというデジタルメディアは，それ以前のマスメディアでは取り入れることが難しかった情報の発信者と受信者が相互に情報をやり取りできるインタラクティブという特徴をもっている。このことは，ウェブデザインにいわゆる伝統的なグラフィックデザインにはない表現の視点を与えている。ウェブページから発信される情報を具現化するグラフィックデザイン的視点と，ウェブページをユーザーが操作することから，ウェブページが持っている機能を具現化するプロダクトデザイン的視点が，ウェブデザインの表現には必要になる。

　2010年から次々とタブレット型コンピュータが製品化され社会に普及した。このタブレット型コンピュータは新しいユーザー・インタフェースを備え，人とコンピュータとの関係を近づける製品になったといえる。またこれによりインターネットや電子書籍などのデジタルメディアがさらに身近なものになった。そして，さらにいえば，この製品の登場でプロダクトデザイン領域とグラフィックデザイン領域が融合するようなデザイン表現の方向性が生じていると考えられる。タブレット型コンピュータの特徴は，人びとが身体的経験として蓄積している動作感覚を用いて，コンピュータの操作を可能にしたことが革新的である。従来のようにキーボードやマウスを操作するのではなく，コンピュータ自体に直接触れ指を動かすことで，インターネットを閲覧したりメールを送ったりすることが直感的にできる。これは複数の接触点の位置や動きを感知できるマルチタッチパネルや，ゲーム機のコントローラとして利用されていた物体の物理的運動を感知してデジタル信号化する加速度センサー，そしてそれらの感知情報をもとに，コンピュータの中で物理現象を再現するプログラムなどの技術が，融合されて実現されたユーザー・インタフェースである。第2節でプロダクトデザインにおいて製品の機能をユーザーがストレスなく利用できるインタフェースの重要性について触れた。とはいうものの，ほとんどの製品のインタフェースは人が機械に合わせることで操作しているのが現状である。しかし，タブレット型コンピュータが提供する操作感は，それらとは一線

を画している。タブレット型コンピュータを操作した多くの人びとが，人とコンピュータの新しい関係を予感したといっても過言ではない。そしてとくに興味深いのは，インタフェースを液晶画面であるマルチタッチパネルで行うことにある。すなわち，インタフェースを物理的なスイッチではなく，ウェブサイトのボタンのようにコンピュータのプログラム内にデザインし，それを液晶画面に表示させるのである。今後，プロダクトデザイン的視点とグラフィックデザイン的視点を融合させたような新しいデザインの視点が重要になっていくだろう。

第6章 アートの伝統とヴァーチャル・リアリティ

小林　頼子

第1節　20〜21世紀のアート

　造形芸術の表現方法・素材（媒体）・狙いは，メディア時代にあって，一段と多様化してきている。モンドリアン（Mondriaan, P.：1872-1944）の幾何学的抽象絵画，デュシャン（Duchamp, M.：1887-1968）のレディ・メイド作品，ウォーホル（Worhol, A.：1928-1987）の大衆的イメージの引用による作品，クリスト（Christ：1935- ）夫妻の大規模な梱包作品，ヨーコ・オノ（1933- ）の観念的なパフォーマンス作品，ヴィオラ（Viola, B.：1951- ）の超スローモーションのビデオ作品など，ざっと挙げただけでも，表現の幅は驚くほど広い。この怒涛の流れは21世紀に入ってもとどまることなく続いている。

　さらに，従来的な範疇意識では芸術と一線を画されていたデザイン・商業美術・大衆文化などの諸表現領域と芸術との境界の曖昧化，両者の相互乗り入れも珍しくなくなっている。なかには，アートレス（artless）という言葉に本来の意味，「無邪気な」に加えて「芸術ではない」という含みを持たせ，芸術に対する反語的なスタンスで自らの表現行為を定義づける造形作家もいる[1]。

　造形芸術作品は，壁に掛けられ，空間に設置され，鑑賞する側に不動の状態で提示されるものから，不断の自己脱皮を繰り返すものへと変化しつつある。この100年の世の中の速い変化を思えば，何の不思議もない。芸術は世の鏡だから，芸術だけが1点にとどまり続けるはずはないのだ。現代の造形芸術のこうしたあり方をより的確に捉えるために，だから，伝統的な範疇を想い起こさ

せる「芸術」という言葉ではなく，カタカナの「アート」なる言葉を使う傾向が強まってきている。「アート」と呼ぶことで，定型から逸脱していく現代の表現の諸種・諸相に対応しようというのだ。本章でもその例にならい，以下ではアートという言葉を用いて議論を進めていく。

第2節　電子メディアとヴァーチャル・リアリティ

　現代アートの表現媒体の中で電子メディアは最も新しいものの1つである。コンピュータ・アートの試みは早くも1960年代に始まっているが，電子メディアが個人の制作環境にまで入り込み，作品制作の周辺的媒体から主要媒体の1つとなるのはようやく1990年代に入ってからのことだった[2]。ちょうどその時期に，電子メディアの一般的な認知度・使用度が急速に高まり，現代アートの方向性の1つがその利用にあると考えられ始めた。1997年には，NTTが東京都新宿区の初台に文化施設，インターコミュニケーション・センター（ICC）を開設し，メディア・アートの歩みとその最先端の動きを展示する決定をした。同じ年，文化庁メディア芸術祭実行委員会主催の「メディア芸術祭」も始まり，今日に至っている[3]。ここ数年の展示作品からは，電子メディアをあらゆる表現方法・媒体・狙いと縦横に組み合わせ，作品化する傾向が顕著に窺える。今後，電子メディアと他媒体との相互越境も珍しくなくなってこよう。電子メディアはすでに実験的初期段階を脱し，次なる表現の可能性を求めて飛躍の最中にあるのである。

　電子メディアは，アートの領域では，とりわけヴァーチャル・リアリティ（virtual reality）をより精緻に，ダイナミックに追求する形で応用されてきている。平面上に3DCGの擬似立体像を浮き上がらせ，空間上に電子的立体像，3Dホログラム（horogram）を投影し，現実と見紛う視覚的現実が提示される。2012年7月23日，渋谷ヒカリエでキリンビールが開催した『氷結SUMMER NIGHT』で，女性3人のテクノ・ユニット，Perfumeが繰り広げたダンス・イヴェントはその一例である。暗い舞台上で，デジタル人形のように機械的振

り付けのダンスを踊る3人。ああ，いつもの彼女たちのパフォーマンスだ——そんなふうに思い，眺めていると，一瞬，舞台がまばゆく発光する。数秒後に光が元の状態に戻ると，先ほどのダンスを6人の女性が続けている。いや，6人ではない。Perfume 3人の実物と，彼女たちのホログラム3体の組み合わせである。最初に踊っていた3人は実はホログラム3体で，人間ではなかったのだ。すっかり騙されていたのだ。しかし，それでも己の感覚をかくまで狂わせたホログラム技術に感嘆し，何だか愉快な気分にさえなる[4]。

ホログラムとは，光に含まれる大量の情報を完璧に近いところまで記録し，それを感光性の媒体に投影してできる像を指す。お札やクレジットカードなどで誰もが一度はその一端に接したことがあるはずだ。この技術を使うと，実在しないものがあたかも実在するかのように見えるため，驚きの感覚を呼び覚まそうとするアートの媒体として活用されることが多くなってきた。

ホログラム像の提示する世界は，3DCGの画像世界とあわせ，ヴァーチャル・リアリティと呼ばれる。一般には仮想現実と訳されるが，この訳語は必ずしも正確ではない。仮想とは「実際には存在しないかりそめの」状態を指すが，それでは言葉の本来の意味を捉えきれないからだ。ヴァーチャルは，実は中世スコラ哲学（中世ヨーロッパの大学で主として教授された批判的思考法）に遡る用語で，決してコンピュータに特化して使われる言葉ではない。語源的にはラテン語の「virtus＝男らしさ，力」に由来し，そこから「virtualis＝力のある」，「virtue＝（男らしさを証す）武徳，（人の心を動かす）美徳」という言葉ができ，17世紀になって初めて「virtual＝実質的に」の意味で使われ始め，今日に至っている[5]。ヴァーチャル・リアリティとは，単に電子的仮想現実ではなく，実質的に人を動かす力を備えた現実という意味を内包する言葉なのである。

人はリアル（real）な現実世界のなかに置かれているが，人の関心はその一部分，言い換えれば，実際に認識しているアクチュアル（actual）な世界に向けられているに過ぎない。そのアクチュアルな世界にあって，人は何らかの名目を立てて（nominal）身を律する。こうありたい，制度的にはこうなる，と。しかし，日々の暮らしの中では，名目とは別に，実際に人（の心）を動かす世

界が重要性を持つ。これこそがヴァーチャルな世界である。ヴァーチャル・リアリティとは，だから，アクチュアルな世界を自らの意思に合わせて作動させた世界と言い換えられる。現代のアートを制作し，享受する人びとが，電子技術の提示するヴァーチャル・リアリティに魅力を感じるとすれば，そこに現代社会を生きる人（の心）を動かす力があると予感するからに違いない。

第3節　自然模倣とヴァーチャル・リアリティ

　考えてみれば，アートは，その始まりから，自然（リアルな世界）と深い関わりを持ちながら人の心を動かしてきた。19世紀に自然を映しとる写真術が実用化したとき，画家たちはその出現を絵画にとっての脅威と感じた。だが，すぐに絵画と写真との違いに気づいた。絵画は人が認識した自然（アクチュアルな世界）の模倣，写真は文字通りの自然の模倣，だから両者は根本的に異なる，と。しかし，やがて写真家も気づくことになる。レンズを向け，自然の一部を切り取る（認識する）のだから，写真も，文字どおりの自然の記録ではなく，撮る人の世界認識の賜物なのだ，と。アートも写真も，アクチュアルな世界の前に立ち，そこから人を動かす力を取り出す。その意味で，電子技術を用いずとも，両者ともにヴァーチャル・リアリティに深く関わっているのだ。

　ローマの著述家，大プリニウス（Pliny the Elder：22頃-79）が前5世紀のギリシャの大画家，ゼウクシス（Zeuxis）とパラシアス（Parasius）の腕比べを紹介している。「ゼウクシスは舞台の壁にブドウの房を幾つか描いた。あまりに迫真的だったので，鳥がついばみに来た。パラシアスの方は亜麻布のカーテンの絵を披露した。これまたあまりに写実的だったため，ゼウクシスは，さあ，カーテンを引き，パラシアスにも絵を見せてもらおう，と叫んだ。だが，彼は自分の勘違いに気づいた。鳥の一件で意気盛んなゼウクシスだったが，パラシアスに賞を譲ることになった」。描かれたカーテンを本物と勘違いしたゼウクシスは，人の目を欺くパラシアスの絵のヴァーチャルな力に感服し，脱帽した[6]。

　大プリニウスの記述は，古代の作家ばかりでなく，画家たちの心を大いにつ

かみ，見る者の眼を欺く描写の技（tromp l'oeil）は後々までさまざまに試されることになる。たとえば17世紀オランダの画家レンブラント（Rembrandt van Rijn：1606-1669）は，夫ヨセフが大工仕事をする部屋で聖母マリアが幼児キリストを抱き，安らう様子を描き，その周囲に額縁，その前にカーテンレールと引き寄せられたカーテンを添え，《聖家族》（1646）（図6-1）を完成させた。一見すると，何とかカーテンは絵の一部とわかる。しかし，額縁となると，注意深く見ても実物のように見える。レンブラントは《ゼウクシスとしての自画像》（1665-69）を制作しているから，大プリニウスの語る逸話を確実に知っていたはずだ。レンブラント工房からは，こうした目だましの効果豊かな作品制作を得意とする弟子たちも巣立っている。レンブラントが迫真の描写の追求を工房の制作テーマとし，自ら範を示すとともに，弟子たちに技を教授していた可能性は高い。

図6-1　レンブラント《聖家族》1646，アムステルダム国立美術館

第4節　幾何学的遠近法の視覚的マジック

　15世紀に入ると，1人の人間の不動の眼が捉えた空間を平面上に合理的に投影する幾何学的遠近法が考案された。背景には，キリスト教中心に動いていた長い中世が終わりを告げ，人間が世界認識の中心として意識されるルネサンス時代の到来があった。幾何学的遠近法は，まさしく見る者が認識する世界を切り取って，見る者の心に働きかける実質的な現実を提示する技法であった。

　人が何かを見たとき，遠くにある物は小さく，近くにある物は大きく見える。つまり，1人の人間の眼に映ずる物の大きさと，その眼からその物までの距離は反比例の関係にあるということだ。だから，物と物との間の距離は視界から遠ざかるに従い狭くなり，限界に達する地点では限りなくゼロに近づく。眼

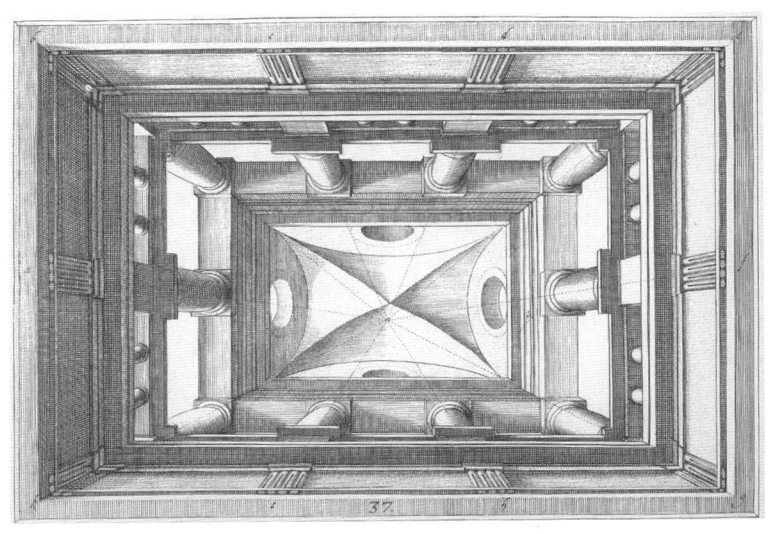

図6-2　デ・フリース『遠近法』(De Vries, H.V., Perspective, The Hague & Leiden, 1604) より。上方に向けた視線が捉えた光景の遠近法による描写

の前からまっすぐに遠ざかる平行線（消失線）——たとえば2本のレール——は，やがて地平線上の1点（消失点）に集まっていくことにもなる。上方を見やった場合にも同じことが起こる。この原理を体系的に空間描写にあてはめると，絵の中に描かれた空間は眼前の空間を鏡に映したような様相を呈する。特に，通常の絵画の場合は消失点の真ん前に目を据え，天井画の場合は消失点の真下に立ち，描かれた空間を眺めると，平らなはずの画面に深い奥行きが錯視的に浮かび上がる（図6－2）。描写対象に対しあまりに近く視点を設定すると，画面上で物の大きさが急激に縮小し，不自然な画像になってしまうという欠点はある。人は2つの目で対象を眺めるのに対し，幾何学的遠近法は1つの目で対象を見ることが前提であるため，前者と後者の結ぶ像には若干のずれが生じる。しかし，それでもなお，眼前に広がる外界を再現する画法として，現時点では，幾何学的遠近法が最も簡便かつ有意であることに変わりはない。

　この技法は，なかでもルネサンス期のイタリアで盛んに研究され，建築家アルベルティ（Alberti, L. B.：1401-1472），画家ピエロ・デッラ・フランチェス

図6－3　ポッツォ《聖イグナティウス・デ・ロヨラの栄光》1691－1694, サン・ティニャーツィオ教会，ローマ，天井画

カ（Francesca, P. d.：1415頃－1492）らが理論書を著した。そして17世紀バロック時代にもなると，これに色彩遠近法——暖色，濃い色が前進して見え，寒色，淡い色が後退して見えることを基本にした彩色法——が加わり，驚くようなスペクタクル作品が生まれた。たとえばポッツォ（Pozzo, A.：1642－1079）が手掛けたサン・ティニャーツィオ教会（Sant'Ignazio, ローマ）天井のフレスコ画，《聖イグナティウス・デ・ロヨラの栄光》（1691－1694）（図6－3）には，神とその御子キリストの光を享けるイエズス会創始者のデ・ロヨラ（De Loyola, I.）と，4つの大陸（ヨーロッパ，アメリカ，アフリカ，アジア）で表された世界へと布教に出かけるその配下の会士たちの姿が描かれている。ここで注目したいのは，天上へとせり上がる柱などの建築的細部が幾何学的遠近法で捉えられ，下部の実際の建築の枠組みと渾然一体となって，限りない奥行きの効果を上げていることだ。しかも，「低い」部分には濃い色を，神とキリストのいる「高み」には淡い色を塗布し，色彩でも遠近感を演出している。天井を見上げる者，なかでも垂直方向の建築的枠組みの線が収束する点（消失点）の下に立って眺める者は，まるでデ・ロヨラやイエズス会士とともに神とキリストのいる天上世界へと，救済へと引き上げられる心地になる。実際の天井がそこにあると意識する者はほとんどいないだろう。バロック時代のカトリック（旧教）陣営は，プロテスタント（新教）陣営の攻勢にさらされるなか，信徒の信仰心を逸らさず己の方へと向ける必要に迫られていた。アートの人を動かすヴァーチャルな力が，そのための最も優れたツールの1つとして利用されたのだった。

　いま少し私たちの生きる時代に近いところからも2人の作家を紹介しておこう。1人はオランダの画家エッシャー（Escher, M. C.：1898－1972）である。常に見る者の遠近法的な空間意識の裏をかく《滝》（1961）（図6－4）などの作品を制作していたので，本章の議論を逆照射する面白い例となろう。棚田のような斜面の下方に，2つの塔（AとB）をいただく水車小屋がある。B1から落ちる水が水車を回し，その水がB3，A2，B2，A1とジグザクに水路を進んでB1に戻り，再びB3へ落ちて水車を回す。しかし，両端の擁壁が徐々に低くなっていく水路をB3からB1へと下ったはずの水が，なぜ流れの起点のB3へ

図6−4　エッシャー《滝》1961（A〜Bの文字は筆者による）

落下するのか。A，Bの塔の4つの支柱はそれぞれA1・A2，B1・B2・B3を上から下へ貫くが，水は逆にA2からA1へ，B3からB2を経てB1へと下っていく。そもそもA2・A1，B3・B2・B1は，おのおの上・下に並ぶ空間関係にはないはずだ。さらに，A塔は，上部だけを見ればB塔より手前にあって，

高い位置で水路を支えているのだから，B塔より大きく，高く描かれなければならず，水路のジグザグも現状よりはるかに潰れたW形となるべきところだ。

こうした疑問は，《滝》がわれわれの知る3次元空間を幾何学的遠近法にのっとって描いているはずだという前提に立つから湧いてくる。あるいは，ルネサンス以来の遠近法を暗黙の裡に了承しているからこそ生まれてくる。私たちは無意識のうちに既存の遠近法という視習慣の枠の中に収まって物を見ているのだ。ヴァーチャルな空間もまた，こうした見る側の視習慣という「惰性」を逆手にとって生まれてきている。エッシャーは《滝》のような事例を繰り返し作品化しながら，見ることに潜む限りない可能性と抜き去りがたい「惰性」とを明らかにしたのだった。

フランスのアーティスト，ジョルジュ・ルース（Rousse, G.：1947－　）の試みにも注目しておきたい。元来が写真家であった彼は，ある時期から絵画と空間の関係を廃墟に焦点を当てて考察するインスタレーション作品を制作し始めた。廃墟の床や壁や天井に，ある1点から見た時にのみ像が浮かび上がってくるような彩色の仕掛けをする。幾何学的遠近法の原理を応用し，あるはずのないヴァーチャルな色彩パネルが廃墟の中に立ち上がるように仕組むのだ。このインスタレーションは一定の鑑賞期間が過ぎると建物とともに取り壊され，後にはその場の写真だけが残る。1枚のパネルが忽然と立ち上がり（図6－5左），しかし，目の位置をずらすと消え去ってしまう（図6－5右）ように，廃墟もまた，ルース作品ゆえに人の関心を呼び覚まし，しかし，ある日を境に消えてしまう。

ルースは震災後の日本にも注目した。阪神・淡路大地震の際には半年後の1995年7～8月に神戸を訪れ，被害を受けて取り壊される前の建物内で制作をした。その作品写真は「ジョルジュ・ルース　廃墟から光へ　阪神アートプロジェクト」展として全国15カ所で展示された。東日本大震災から2年たった2013年4月には「ジョルジュ・ルース　アートプロジェクトin宮城」のために来日し，震災に襲われ，取り壊し予定の松島の「カフェロワン」で作品制作を行った。いずれの場合も，作品は（被災者を含め）多くの人の参加を得て完成

図6-5　ルース《メッツ》1994。左図は定められた視点から撮影した写真，右図はやや左にずれた位置から撮影した写真

している。震災の記憶をとどめる建物の中に浮かび上がる青と白の星のパネル。いずれも建物に塗り込められ，建物の一部と化した色彩が創り出すヴァーチャル・リアリティだが，震災の記憶を見る者の脳裏深くに刻み付ける大いなる力を宿している。これを実質的な現実(ヴァーチャル・リアリティ)と呼ばずして，何と呼ぼう。

第5節　アートが映し出す人と世界のかかわり

　ヴァーチャル・リアリティは，コンピュータの出現と関連づけられがちだ。しかし，ヴァーチャルという言葉に注目すると，実際には，アートの歴史の中で何度となく人の関心を集め，人の心を動かしてきた表現の基本であることがわかる。造形芸術は，自然の模倣，再現を重要テーマの1つとしてきたから，当然と言えば当然ではある。面白いのは，その過程で，リアル，アクチュアル，ノミナル，ヴァーチャルというふうに，人と世界との関係の多層性が認識され，

その認識の度合いに応じて多様な表現が試みられてきたことだ。リアルな世界は物理的に1つだが，アクチュアル，ノミナル，ヴァーチャルな世界は人の数だけ存在する。とはいえ，世界に対峙し，世界を切り取り，見る仕方は，一定の方向へと整えられて社会化し，やがて無意識のうちに慣習化する。アートは，その「慣習」をあらためて意識化し，活性化し，人と世界との関係を問い直す。上に紹介した作品はその証しである。電子メディアを用いたヴァーチャル・リアリティ作品は，そのなかでも，最先端部分を担う。今後，映画，広告，娯楽，そしてアートの分野でさらに電子メディアの表現可能性は開拓されていくであろうが，その成果を享受するとともに，そこに映し出されたメディア時代の人と世界との関わりを決して見落としてはならないだろう。

【注】
1) 川俣正『アートレス―マイノリティとしての現代美術』フィルムアート社，2001年
2) デジタル技術とアートとの関係については，平凡社編『世界大百科事典』（電子版）の「コンピュータ・アート」の項目を参照のこと。
3) 同芸術祭は，デジタルアート（インタラクティブ），デジタルアート（ノンインタラクティブ），アニメーション，マンガの4分野で始まったが，7回目以降はアート，エンターテインメント，アニメーション，マンガの4部門に組み替えられ，今日に至っている。
4) 同イヴェントの制作には，2012年メディア芸術祭エンターテインメント部門，2013年カンヌライオンズ国際クリエイティビティ・フェスティバル（第60回）サイバー部門でそれぞれ大賞，銀賞を授与された Perfume Global Site Project の担当チーム（真鍋大度氏ほか）があたっている。
5) 小学館刊行の『ランダムハウス英和大辞典』（パーソナル版）（1989年刷）では，virtual は，「1．（名目上または表面上はそうではないが力・効果・効力の点で）実質上の，事実上の　2．【光学】（1）虚像の（2）虚像の焦点の　3．【古い】《本来備わっていた力のため》効力のある，実効のある，効果的な」と訳され，語源としてラテン語の virtual(is)，virtu(s) が挙げられている。
6) Pliny the Elder, *Naturalis Historiae*, 77-79年頃（中野定雄ほか訳『プリニウスの博物誌』雄山閣，2012年），Book 35：65.

第3部　エンターテインメントとメディア

第7章 誰もが映像番組を作ることができる時代

西尾　典洋

第1節　テレビ放送を取り巻く環境の変化

　日本でテレビ放送が始まって約60年が経過した。近年，テレビ放送を取り巻く環境は変化している。ここではとくに若者とテレビ放送の関係の変化に着目してみようと思う。

　表7－1はNHK放送文化研究所による国民が1日をどのように過ごしているかを調査した「国民生活時間調査」の結果を抜粋したものである[1]。

　この結果には，1995年における日曜日の20代男子のテレビの視聴時間は3時間48分，20代女子は3時間22分であったことが示されている。しかし2010年の結果では，おなじく20代男子が2時間55分，20代女子が2時間51分と減少している。年代や平日と休日の違いによって増加している箇所もあるため一概に減少しているわけではないが，若者がテレビ視聴以外に時間を使い始めていることがわかる。

表7－1　国民生活時間調査におけるテレビの視聴時間量

		平日				土曜				日曜			
		'95	'00	'05	'10	'95	'00	'05	'10	'95	'00	'05	'10
男	10代	2:12	2:02	2:06	1:50	2:55	2:50	3:27	2:34	3:34	3:28	2:52	2:42
	20代	2:19	2:13	2:11	1:54	2:33	2:43	2:46	2:43	3:48	3:13	2:45	2:55
	30代	2:29	2:27	2:15	2:03	3:18	3:08	2:56	2:57	4:07	3:58	3:33	3:22
女	10代	2:11	2:27	2:12	2:01	2:54	2:49	2:46	2:43	3:06	3:36	3:05	2:31
	20代	2:57	3:01	2:40	2:33	2:56	2:37	2:48	2:33	3:22	3:22	2:45	2:51
	30代	3:16	3:05	2:45	2:43	2:56	2:37	2:48	2:33	3:14	3:09	3:16	3:00

その原因は何なのだろうか。2000年以降，若者が1日の時間を費やすようになったのがインターネットの利用である。インターネットを使って，メール交換をする。Twitter，Facebook，LINEなどのSNSサイトを閲覧したり書き込みをする。YouTubeやUstreamなどの動画配信サイトを視聴するなど，インターネット上にはさまざまなサービスが登場し，若者の多くが利用するようになった。

　とくに2010年頃から普及し始めたiPhoneなどのスマートフォンがインターネットの利用時間の増加に拍車をかけたと考えられる。スマートフォンは，いつでもどこからでもインターネットに接続でき，マルチメディア素材を再生できる機能も持っている。そのためスマートフォンを使えば，先に述べたさまざまなインターネットのサービスがパソコンを使わなくても利用できるようになったのである。このことにより，以前はテレビの視聴に使っていた若者の時間が，インターネットの利用に移ってきているのである。

　テレビ放送自体にも変化が起きている。2011年7月にアナログ電波によるテレビ放送が終了し，日本国内のテレビ放送はデジタル放送になった。デジタル放送に移行するなかで，テレビ放送の多チャンネル化が進められた。その一例が衛星放送による多チャンネル化である。

　日本で視聴されている衛星放送にBS放送とCS放送がある。

　BS放送は放送衛星と呼ばれる衛星からの電波を利用する放送である。アナログ放送時代にはNHKとWOWOWの2つの放送局しかなく，合わせて4つのチャンネルしかなかった。しかし，2000年にBSデジタル放送が始まると，これまで地上波にしかチャンネルを持っていなかった民放5局がそれぞれBS放送にもチャンネルを持つようになった。それに加えて，後述するCS放送にチャンネルを持つ放送局や独立系の放送局がBS放送にもチャンネルを持つようになり，徐々にチャンネルが増えていった。2013年現在では，29チャンネルが放送されている（ただし，1チャンネル分で複数のチャンネルを放送するマルチ編成と地上波デジタル放送が視聴できない地域のための難視聴者対策放送分はのぞく）。

CS放送は通信衛星と呼ばれる衛星からの電波を利用する放送である。CS放送では，1996年にデジタルの電波を利用した多チャンネル放送が始まった。現在では100以上のチャンネルが存在し，音楽，教養，ドラマ，映画などさまざまな専門チャンネルが展開されている。当初は専用のチューナーとアンテナを準備する必要があったが，現在では多くのテレビに内蔵されているチューナーでも視聴できるようになっており，視聴契約を行えば，すぐに見られるようになっている。

　電波を用いるのではなく，インターネットを通じて番組を配信するサービスも登場している。インターネットを使った番組配信の特徴として，VOD（ビデオ・オン・デマンド）というサービスをあげることができる。VODとは，さまざまな候補のなかから視聴者が選択した番組を好きな時に視聴することができるサービスである。従来のテレビ放送は放送局がリアルタイムで放送している番組を視聴しなければならないため，見たい番組がある場合はその時間にテレビを見ないと見逃してしまっていた。一方，VODは視聴者が都合の良い時間に番組を視聴できるため，見逃す心配はない。見たい番組を自宅のHDDレコーダーなどに録画しておいて，好きな時間に見るというようなことがインターネットでできるサービスである。

　VODを提供するサービス会社は次々に登場している。一例をあげるとHuluという動画配信サービスがある。アメリカのロサンゼルスに本拠地を置く会社が提供しているサービスであり，アメリカのテレビドラマや映画が多く提供されているのが特徴である。現在1,000本以上の映画と10,000話のドラマが月980円で見放題となっている（2013年8月現在）。

　このように，私たちが視聴できるチャンネルや動画配信サービスが増加しており，自分の趣味嗜好に合わせてコンテンツを選択できるようになっている。特にインターネットを通じて番組が配信できるようになったことは，今後のテレビをさらに変化させるものになってくるだろう。次節でそのことについて説明する。

第2節　個人による映像の発信

　以前は映像番組を制作して配信することはテレビ局のみが行っていることだった。それはビデオカメラや編集機器が高価であり，操作するためには専門知識と人数が必要であったからである。さらに映像番組を大衆に配信できる手段は電波を使った放送のみだった（ビデオテープなどを大量に作成し配布すれば不可能ではなかったが，それでも数は限られていた）。

　しかし1990年代から番組が徐々に簡単に制作できるようになっていく。1994年にDV方式というデジタルで映像を記録することができるビデオカメラが登場したからである。DV方式はテレビ放送並みの高画質で，なおかつデジタルで記録するので映像が劣化しないという特徴があった。大きさも小型化し1人で持ち運びや撮影ができるサイズになった。さらにパソコンの高性能化により，これまでは専用の機材を使っていた映像編集がパソコンでもできるようになった。近年ではスマートフォンで映像を撮影したり，内蔵のソフトを使って編集することもできるようになった。

　それまで電波による放送しかなかった映像配信手段も変化した。YouTubeをはじめとする動画配信サイトの登場である。これらのサービスを利用すれば，誰もが自分の映像番組をアップロードすることができ，インターネットを通じて大衆に視聴してもらうことが可能になった。その結果，個人が撮影した映像番組が話題となるような現象も起きている。たとえば自分の飼っている猫や犬などの仕草を撮影し，YouTubeにアップロードした映像は何十万件というアクセス数を獲得している。また事件や事故などの様子を撮影した個人の映像が，テレビのニュース番組で用いられる例も増えてきた。

　このような動画配信サービスは，当初はパソコンでしか視聴することができなかったが，スマートフォンの登場により，携帯端末でも視聴できるようになった。さらに最近販売されているテレビではYouTube等を視聴できるようになっている。これまでテレビ放送しか見られなかったテレビがパソコンのよ

うな機能を持ち始めているのである。

　これらをさらに発展させるべく開発されているのがスマート TV である。スマート TV はテレビにスマートフォンと同じようなアプリをインストールできるようにして，Web ページやメール，動画配信サービスの視聴，さらにはゲームなどを利用できる。

　このようなテレビが普及すると，テレビの視聴スタイルはどのようなものになるだろうか。YouTube や Ustream などの動画配信サービスをスマートフォンで見ている人は多いが，このようなコンテンツをテレビでも簡単に見られるようになる。そのようになると，YouTube 等を見てこなかった人も楽しむようになるだろう。先に述べたように YouTube は個人でも動画を発信することができる。つまり，これからは個人が発信する動画を多くの人がテレビで見る時代が来るということである。

　誰もが映像番組を配信できるようになると，学校や博物館，動物園，会社などさまざまな組織が番組制作に乗り出すだろう。たとえば，動物園の飼育員が飼育している動物の何気ない仕草や普段滅多に見ることができない行動などを撮影し，番組化する。会社が自社の商品を紹介するプロモーション動画を作り，配信するなど。さまざまな人が自分のもつコンテンツを映像番組として発信していくのである。

　このような時代が訪れると，コンテンツの選び方も変化していくだろう。近年，キュレーターという仕事が注目されている。キュレーターとはもともとは博物館や美術館の学芸員を意味する言葉である。専門的な知識をもち，作品に関する情報を提供する仕事をする人のことである。最近では，もう少し広い意味で使われるようになり，世の中の大量の情報を収集し，何らかの意味づけをし，提供するという仕事をする人を指している。

　たとえば，元ライブドア社長の堀江貴文は自身の有料メールマガジンを使い，最近のニュースや自分が食事したレストラン，便利だと思うツールなどを紹介している。また Q&A コーナーにおいて読者からのさまざまな質問に答えている。読者は彼のメールマガジンを読むことによって，紹介されたものを自分自

身の生活に取り入れたり，考え方を参考にしている。

　別の例では，KDDIは携帯電話サービスのauにおいて「auおまかせショッピング」というサービスを2013年8月から提供している。このサービスは，コスメ・グルメ・ワインの専門家（キュレーター）が見立てた商品をそれぞれのコースを選んだ利用者に毎月配送するというサービスである。たとえばワインのコースは，小売店に出回らずレストランのみで飲まれているワインなどを独自ルートで仕入れ毎月2本送るサービスである。キュレーターから提供される情報は，私たちも見つけ出すことができないわけではないが，大量の情報に埋もれてしまいなかなか見つけられない。このような情報の提供を受けることで自分たちの生活を豊かにすることができるのである。

　今後はこういったキュレーターが映像を通じて情報を提供するようになるのではないかと考える。さまざまな分野の専門家がキュレーターとなり，それぞれがもつ知識や情報を番組化するようになるのである。そして視聴者は自分の趣味や考え方に近いキュレーターを見つけ，その人の番組を視聴する。誰もが番組を作って配信する時代がこのような新しいテレビの見方を後押ししていくのである。

第3節　誰でも映像制作を行う時代に向けて

　誰もが番組を作って配信する時代が来ると述べたが，このような時代が訪れるためにはまだ課題は多い。前節でも述べたが，映像番組を作る機材や配信するインフラは整ってきた。しかし良い番組を作るための知識やノウハウはまだ個人が簡単に手に入れられるような環境になっていない。そこで筆者の研究室では「ほどほどの品質の番組制作」を誰もができる環境を整えるための研究を進めている。

　そもそも映像番組を作るための知識やノウハウはテレビ局や番組制作会社のスタッフが経験や失敗を何年も重ねて習得しているものである。たとえばカメラ撮影では，カメラマンは機材を最適な状態に調整したり，どのような映像を

撮影するかを考えながら撮影をしている。これを初心者が短期間で習得するのは難しい。しかし，撮影において絶対に失敗してはいけない知識やノウハウに絞って習得すれば覚えることは少なくなる。結果として，制作された番組はプロが制作したものに比べれば品質は劣るが，番組としては十分見られるレベルとなる。それが「ほどほどの品質」である。ここでは，ほどほどの品質で番組を制作するための知識やノウハウを少しだけ紹介する。

1．カメラ画角

　ビデオカメラで映像を撮影する際に気をつけることは，バランスの取れたカメラ画角で撮影することである。カメラ画角（以下，画角）とは，テレビの四角い画面の中に被写体をどのようなバランスで撮影しているかを角度やなんらかの基準で示すものである。普段何気なく視聴しているテレビ画面であるが，プロのカメラマンは視聴者が見ていて自然な画角になるように計算して撮影している。

　図7－1はニュース番組で用いられる画角を筆者が再現したものである。左側はニュースでよく使われるウエストショットという画角である。この画角では，キャスターが自分に近い距離にいるように感じ，ニュースを自分たちに語りかけているような印象を受ける。このような画角ならばニュースの内容も自然と耳に入ってくるだろう。一方，右側はキャスターを小さく撮影したものである。この画角ではキャスターが遠くにいる印象を与える。この状態でキャス

図7－1　ニュース番組の画角の例

ターからニュースを伝えられても，キャスターが自分に話しかけているような印象を感じないため，ニュースの内容に集中できないだろう。このように適切な画角で撮影することは，視聴者が映像に集中するために必要なことなのである。

では，どのように被写体を撮影すると適切な画角（良い画角）になるだろうか。良い画角の例とそうでない画角の違いを紹介する。

まず，初心者が注意をすると良いことは被写体の頭と映像のフレームとの間の隙間である。図7－2は被写体を正面から撮影した画角である。正面から被写体を撮影する際は，頭の上の隙間に注意するようにする。左側は良い画角であるが，映像のフレームと頭の隙間を少しだけ空けていることに注目してほしい。

一方，右側は良くない画角である。この画角では，被写体の顔が四角い映像フレームにおいて中央にある。撮影したカメラマンは顔が中央になるように調整したのであるが，結果として頭の上と映像のフレームに何もないスペース（無駄なスペース）が空いてしまっている。顔が中央に来てしまう失敗は初心者のカメラマンがよくやってしまう失敗である。

図7－2　正面から被写体を撮影した画角の例

図7－3は斜めから被写体を撮影した際の良い画角と良くない画角である。左の画角は被写体の目線の先が広く空いている。一方で右の画角は被写体を真ん中に据えている。この場合，どちらが良い画角だろうか。正解は左側の画角

第7章　誰もが映像番組を作ることができる時代

である。前述した無駄なスペースのことを考えると，左の画角は左側に大きくスペースが空いてしまっているので，無駄なスペースが多いのでは？　と思うかもしれない。しかし，右の画角は被写体の左と右側の両側に隙間が空いている。被写体が左を向いているので，右側の隙間も無駄なスペースとなってしまう。一方，左の画角は左だけにスペースが空いている。このように撮影すると被写体の目線の先に話し相手がいて，その人に話しかけているように見えるのである。このようにスペースが意味をもつ場合もあり，必ずしもスペース＝無駄なスペースという訳ではない。プロのカメラマンは斜めから被写体を撮影する場合，フレームを3等分する2本線を縦に引き，被写体が左を向いている時は，右側の線に被写体が来るようにして目線の先を空けるようにしている。

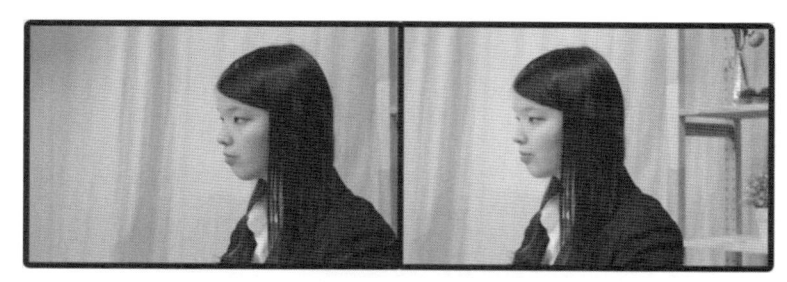

図7－3　斜めから被写体を撮影した画角の例

　最後に応用例を紹介したい。図7－4は被写体の後ろにモニターが映っている。このような場合は背景とのバランスをとって，スペースを空ける場合がある。後ろに置いてあるモニターにはタイトルの入った静止画が表示されている。このようなときは，背景となるモニターを全て映す必要があるため，被写体の頭の上の隙間は空いてしまっても構わない。このように基本的な撮影のルールはあるが，最終的には背景や撮影したいものとのバランスを考えて一番良い画角を試行錯誤すると良い。

図7－4　画角の応用例

2．映像制作における失敗の収集

　筆者の研究室でもう1つ取り組んでいるのは，映像制作における初心者の失敗の収集である。筆者の研究室では，3年生のゼミにおいてケーブルテレビ局のコミュニティチャンネルで放送する情報番組を毎月制作している。この番組は学生が企画・撮影・編集までを一貫して行っている。この活動で問題となるのが毎年同じような失敗が繰り返し起きてしまうことである。特にゼミに配属されてすぐの4月～6月は制作の経験が浅いため，失敗が多い。

　実際に配属されてすぐの学生（初心者）がやってしまう失敗例を紹介する。カメラ撮影の失敗で多いのはカメラの明るさの調整ミスである。ビデオカメラは被写体の光の当たり具合に合わせて明るさを調整する必要がある。初心者はこの調整を忘れてしまい，撮影後に映像を見てみると被写体が暗かったり，明るすぎて白飛びという現象が起きている映像を撮影してしまう。このような映像は，編集時にある程度は調整できるが，完全には元に戻すことはできない。

　他には，番組構成上，編集の際に必要となる映像の撮り忘れも初心者には多

い。たとえば，祭りで演舞を披露する団体を追いかけるドキュメンタリー番組の撮影の際に，番組をまとめるための締めのインタビューを撮り忘れてしまったことがある。この時は編集において番組の構成を変えないといけないという状況に追い込まれた。

　初心者がやってしまうこのような失敗には共通するものが多い。そこで過去に起きた失敗を収集してまとめることで，今後同じような失敗を減らすことができないかと考えた。そこで学生の失敗を収集するために失敗収集シートを用意して，撮影や編集が終わった後に初心者の失敗を収集することにした。

　失敗収集シートには，下記の7つの項目を記入してもらった。
- 報告者の名前
- 取材の日時
- 現場・取材名
- 失敗が起こった状況
- どういう失敗が起きたか
- 失敗が起きた理由
- その失敗に対して経験者から得たアドバイス

　表7－2は実際の記入例である。2011年4月～9月までの半年間に55件の失敗事例，ノウハウを収集した。この失敗事例は現在も収集中である。この失敗事例をもとに，初心者が同じ失敗をしないようにするための教材を開発している。図7－5は私たちが開発している教材である。この教材はiPadなどのタブレット端末で視聴してもらうことを想定している。

　教材には，映像制作において初心者がよくやってしまう失敗事例が登録されている。学習者である初心者は，撮影，編集など自分がこれから行う作業を選択すると，その作業をする際に気をつけることや実際に起きた失敗，こうすれば上手くいくというノウハウ，成功例が順に説明されるようになっている。

表7−2　失敗収集シートの記入例

名前	Y.K
取材日時	2011年6月5日
現場・取材名	歌舞伎町アートマーケットロケ
状況	ロケ中
ノウハウ・失敗	3台で撮っていて、それぞれのカメラの明るさがバラバラだった。
理由	外での撮影で一日中のロケだった為。
アドバイスを受けた人	S
その時のアドバイス	撮る前にホワイトバランスを確認する。

図7−5　筆者が開発しているWeb教材

第7章　誰もが映像番組を作ることができる時代

今後，収集した失敗事例が増えたら，教材で解説する事例も自動的に増加するように改善をしていく予定である。このようにすることで，より多くの失敗事例を事前に学習できるようになり，失敗を減らしていけるだろうと考えている。

第4節　映像制作者を目指す人へのメッセージ

　本章では，テレビ放送の今と未来について現状のテレビを取り巻く動向と，個人が映像番組を配信する未来について述べてきた。今後も筆者の研究室では，さまざまな人が映像を制作し，それを多くの人に見てもらえるよう，制作する人，視聴する人を支援していけるような研究開発をしていく予定である。「ほどほどの品質の番組」を誰もが制作できる世界の実現について紹介してきたが，最後に重要なことを1つ述べたい。それは，良い番組には「良い企画・構成」が必要だということだ。視聴者が見ていておもしろいと思う番組は，出演者はただおもしろいことを言っているだけではない。良い企画があってこそ，出演者が引き立てられているのだ。

　良い企画を立てるためには，幅広い分野に興味をもち，情報を収集する必要がある。新聞・書籍・雑誌・インターネット・テレビなどさまざまなメディアを駆使して自分がもつ情報量を増やしてほしい。また，良い構成を立てるためには，たくさんのテレビ番組を見ることも必要だろう。バラエティ番組や音楽番組だけでなく，ニュースやドキュメンタリー番組を視聴し，その中で良いと思った番組の構成を参考にして自分の番組の構成を考えてみてほしい。そうすればきっと良い制作者になれることだろう。

【注】

1）　諸藤絵美・渡辺洋子「生活時間調査からみたメディア利用の現状と変化：2010年国民生活時間調査より」『放送研究と調査』61(6)，NHK放送文化研究所，2011年，pp.48-57

第8章 実写・特撮・アニメに通底するものとは何か

鷲谷　正史

第1節　エンターテインメントとは何か

1．本章のねらい

　本章では，エンターテインメントがメディアとして固定化される際にどのような表現形態になろうとも共通している要素について着目し，現在そしてこれからの映像制作がどのようなものを目指しているのか概観する。

　エンターテインメントは，一般に「娯楽」と訳される。漢字の「娯」は，巫女たる女性が，祝詞の器を神に捧げて舞う姿という。伝統的あるいは，広義のエンターテインメント・娯楽とは，おしゃべりや，歌，踊りや演劇などを指し示すものであった。

　近代に入り，科学技術が発達すると，映画が生まれ，エンターテインメントはメディアとして固定化されるようになる。すると，映画を始祖とする映像表現は，似たエンターテインメント表現でありながら演劇とはまったく異なる性質を帯び，独自の発展を遂げるようになる。

　人間のエンターテインメント表現には，ふたつの相反する欲求があると言える。ひとつは，自分の体験した事柄をなるべくありのままに表現したいという欲求であり，もうひとつは，この世に存在しないまったくの空想を具体化してみたいという欲求である。

　ふたつの欲求は，近年における科学技術のさらなる発達によって，実は相反するものではなく，その境界は曖昧であり，同じものと言って差し支えない状

況となった。

ここにおいて，現在の映像制作がどうなっていくのか，そして，将来エンターテインメントの制作に携わろうという志をもつ若い方々はどのようなことに留意して学んでいくべきか，最後に展望する。

2．エンターテインメントとは

エンターテインメントは，今では，映画やテレビ，あるいはアニメやゲーム，お笑いや芸能人といった意味合いで一般に使われている。それらのうち，本章で扱うのは映像表現コンテンツについてである。

しかし，映像コンテンツを表現するメディアであるテレビや映画が存在しない時代にも，エンターテインメント，すなわち娯楽は存在していた。それは，おしゃべりや歌，踊りなどの形態であった。

たとえば，先史時代・旧石器時代などであれば，洞窟などの住まいで火を囲み，狩りや漁，果物や木の実をいかに採ったかという話を交わしたことだろう。あるいは，高齢者が若年者に，生きる心得を説くものであったかもしれないし，大地の成り立ちや天体・気象の不可思議を説明するものであったかもしれない。いずれにしても，見る者，聞く者は，夢中になったに違いない。それは，単純な「楽しみ」に留まらない。生命の維持，生活の向上に直接結びつく「役にたつ」ものであったからである。

先史時代のエンターテインメントの「感動」を形に留めておきたいという旧石器人の思いは，今日も確認することができる。たとえば，スペイン北部アルタミラの洞窟に描かれた壁画である。壁画には，牛や猪，馬などの動物が生き生きと描かれている。それは，獲物に出会い，狩りをした興奮そのままである。感動を形にして残したい，人に伝えたいという思いは，1万有余年の時を経た今日のわれわれと変わることがない。

古代の人びとが歌や踊りを楽しんだことの名残として，演劇が挙げられるだろう。紀元前の古代ギリシアでは，演劇文化が隆盛を極めた。丘の地形を利用し，斜面に客席を作った。演者と合唱隊が上がる舞台は，音響効果を考慮して

作られた。客席も舞台も石造りの恒久的なもので，古代ギリシアの劇場の遺跡は今日もその威容を見ることができる。

　語りや身体表現がその起源であるエンターテインメントは，時代を下るにつれて，表現の豊かさを増してくる。

　たとえば，日本では，それまでばらばらに口伝えされていた日本の神話・伝説・歴史が，飛鳥・奈良時代に『古事記』という形で文字に起こされ，まとめられている。また，日本最古の物語とされる『竹取物語』，最古の女性作家による長編小説とされる平安時代の『源氏物語』，さまざまな短編が収載された『御伽草子』のような物語といった文字・文章表現がある。

　さらに，文章に絵解きを追加して巻物とした，絵巻物が出てくる。これにより，文字が理解できない年少者や無学な人たちにも，話の内容を伝えることができるようになった。当時の世相を風刺し，人物を動物に擬えて描いた『鳥獣人物戯画』絵巻物は，今日のマンガの間接的な始祖であるという指摘もなされている。

　NHK放送文化研究所が継続的に行っている「国民生活時間調査」という調査がある。これは，人びとの1日の生活を時間の面からとらえたものである。睡眠や食事，静養といった，個体を維持するために行う必要不可欠性の高い行動である「必需行動」，仕事や学業，家事といった，家庭や社会を維持するために行う義務性・拘束性の高い行動である「拘束行動」，そして，メディアへの接触やレジャー，人との交際など人間性を維持向上するために行う「自由行動」といった観点で，人びとの時間配分を調査したものである。

　ここで興味深いのは，近年のメディアの多様性に伴って，人びとの使う時間がテレビから，インターネットなどへと向かっていても，トータルのメディアへの接触の時間がほぼ一定でそれほど変化していないということである。接触するメディアは変化・多様化していても，接触時間がほぼ一定というこの傾向は，おそらく，古来から一貫したものであろう。「エンターテインメントに触れたい」「人の思いや意思が，困難に直面しつつも，努力や創意工夫によって，成し遂げられるのか，結末が気になる」という，今日の私たちが抱くエンター

テインメントを求める気持ちは連綿と続くものなのである。

第2節　エンターテインメントはいかにメディアとなったか

　近代に入り，科学技術が発達すると，現実世界をメディアに記録する方法は高度化・多様化する。それに伴いエンターテインメントもまた高度化・多様化してくる。

　19世紀に「写真」の技術が確立する。現実を見たとおりに写し描く方法として古来より絵画があったが，「写真」の技術は，光学的・化学的な技術を用いて「リアル」に描くことができるという点で画期的な進化であった。

　写真は，やがて「映画」の技術へと発達する。

　異なる画像を素早く切り替えて表示すると，人間の認知能力の限界を超えて，異なる画像が合成されて見えたり，動いて見えたりする。いわゆる「アニメーション原理」である。このアニメーション原理を応用した往年のエンターテインメントが「ソーマトロープ」や「フェナキストスコープ」である。現代のわれわれに身近なところでは，教科書の片隅に描いたパラパラマンガも同じ原理を応用したものである。

　絵画の代わりにたくさんの写真を素早く切り替えて表示し，「写真」が動いて見えるようにする技術は，アメリカ人トーマス・エジソン（1847–1931年）によって発明された。発明王としても知られるエジソンによって，「キネトスコープ」と名付けられたこの機械は，箱を上方から覗き込んで「映像」を楽しむものであった。当時のコンテンツは，数十秒程度の映像ではあったが，シカゴ万国博覧会で展示されるなどの宣伝効果もあり，大評判となった。

　今日われわれが親しむ映画の形になったのは，オーギュスト・リュミエール（1862–1954年）と，ルイ・リュミエール（1864–1948年）の兄弟が発明した「シネマトグラフ」である。写真工場を営んでいたリュミエール兄弟は，エジソンのキネトスコープを改良した。一人ひとりが覗き見るのではなく，スクリーン

に投映したものを大勢の観客で鑑賞するような形式としたのである。初めてパリのカフェでシネマトグラフの上映をした1895年12月28日をもって「映画誕生の日」とされている。

　スクリーンと舞台，対象は異なるが，映画と演劇は，客席から鑑賞するという似た形式のエンターテインメントとなった。では，映画は舞台とどこが決定的に違うのだろうか。大きく3つ挙げておきたい。

　まず，1つめは「フレーム」の存在である。映画では，現実世界を任意の場所で切り取ることができる。演劇にも，「プロセニアム・アーチ」という舞台を額縁状に切り取り，観客席と演劇空間を区切る装置が存在している。しかし，観客がどこに注目するか指定することはできない。これに対して映画では，主人公の表情，周囲の情景，指先や看板など，観客が何を見るべきか演出意図に従って強制することができるのである。

　2つめは「編集」が可能である点である。映画では，時間・空間を操作できる。演劇でも，幕による場面転換などで一定の効果を生み出すことはできる。しかし，さまざまな制約を受けてしまう。これに対して映画では，時系列をバラバラにすること，時間を逆にさかのぼること，省略することもできる上に，場所すらも自在に変更することができるのである。

　3つめが「保存複製」が可能である点である。映画では，コンテンツを保存し，複製することができる。演劇は，一度上演したものは，一度きりである。同じ舞台をもう一度やろうとしても，セリフ，所作，音楽など，まったく同じものを再現することはできない。これに対して映画では，コンテンツとしてメディアに固定したものは，複製することができ，同時多発的に上演することもでき，時間を経ても再現することができるのである。

第3節　イマジネーションを具現化するには

　エジソンやリュミエール兄弟が撮影した映像は，少女が踊る『Butterfly Dance』（1894年）や，駅に列車が到着して旅客が降りる『シオタ駅への列車の

到着』（1895年）のような，ある種の記録映像のようなものであった。当時の人びとにしてみれば，画期的な技術を使った新しい体験であり，驚きと興奮をもって見たのである。小さな人間が入っていないか確かめるため，キネトスコープの箱を開けようとしたり，到着する列車から身を守るため，席を立って逃げようとしたりという当時の人々のエピソードが残っている。

とはいえ，よりいっそうケレン味のある映像を作りたい，見たいという欲求が高まるのは自然なことである。

こうした情勢の中，「世界初の職業映画監督」とも称されるのがフランス人のジョルジュ・メリエス（1861‒1938年）である。技術に関心のある研究者であったエジソンやリュミエール兄弟とは異なり，メリエスは手品師であり，劇場で興行をする経営者であった。このため，彼の作る映像は，よりいっそう客ウケを狙ったエキサイティングなものを志向していった。

彼の代表作が『月世界旅行』（1902年）である。SF小説の始祖として知られるジュール・ヴェルヌ（1828‒1905年）の『月世界旅行』（1865年）を翻案した作品である。冒険好きの市民たちが，砲弾に乗り込み，大砲で月へと到着し，宇宙人と遭遇するというストーリーである。

重要な点は，この『月世界旅行』においてメリエスは，数々の特殊撮影の技術を編み出し，体系化して活用したことである。たとえば，セットと人間を二重に撮影して合成したり，ストップモーションを活用したり，彼が体系化したトリック撮影は，現在に至るまで使われ続けているのである。

映画の発達は，世界各地で同時多発的であったが，やがて，とりわけアメリカで興隆するようになる。これは，欧州が世界大戦の影響を受けたこと，また，アメリカが移民によって構成された社会であったため言葉に依存しない安価な娯楽として映画が歓迎されたことなどの理由による。

この時代，アメリカで活躍し，「映画の父」と称されるのがディビット・グリフィス（1875‒1948年）である。彼は，役者・脚本家としてキャリアをスタートしてから，映画監督になったので，映画という表現形態が，「演劇」よりも「小説」に近いと感じ，その知見を映画の編集に活かした。『国民の創生』（1915

年）や『イントレランス』（1916年）などでは，カメラを被写体の動きに合わせて向きを変える「パン」や，注目させたいものを大写しにする「クローズアップ」，ごく短い時間で被写体の映像を切り替えて独特の効果を狙う「カットバック」などの技術を活用した。グリフィスの用いたこれらの編集技術も，現在に至るまで使われ続けている。

　撮影・編集の技術が洗練されて，映画の語り口が整理され，この世に存在しない物語すら，映像として表現するノウハウが確立すると，人びとはいっそうのリアリティを求めるようになる。

　そのニーズの最たるものが，音声と映像の合致であった。

　音声の記録そのものは，エジソンの「フォノグラフ（蓄音機）」（1877年）で技術的に確立していた。しかし，音と映像を同期させながら，再生することは難しかった。フィルムは，上映を重ねるうちに，往々にして切れたり傷むものである。このため，つなぎ合わせて修復などをしてまた上映をするのだが，やがて映像の方が短くなり音と映像が同期しなくなってしまうのである。また，音声を記録したレコード自体も材質的に壊れやすいものだった。

　こうした事情から，当時の映画は，台詞やストーリーなどは「弁士」と呼ばれる解説者が情感を込めて語り，楽団が雰囲気にあった曲を伴奏することが一般的であった。このため，誰が弁士をやるのか，どこの劇場で上映されるのかによって，おもしろさが変わってしまう，甚だしい場合は，まったく異なるストーリーになってしまうという問題があった。

　これを最終的に解決するには，音声の強弱の情報を光の強弱の情報に変換し，映像とともにフィルムに記録することができる「サウンドカメラ」の登場を待たなければならなかった。

　音声と映像が同期した映画，いわゆる「トーキー」の最初の作品は，『ジャズシンガー』（1927年）である。『ジャズシンガー』のトーキーは作品中の一部であり，音声もフィルム上ではなくレコード盤に記録する「ヴァイタフォン方式」であった。

　『ジャズシンガー』では，厳格な司祭の家庭に生まれた少年が，歌手になる

夢を親に反対され家を飛び出した後に，やがて人気歌手になり，老いた親と和解する物語である。物語の途中のパーティのシーンで，歌い，演奏した後で，トーキーのパートになった際に飛び出した「お楽しみはこれからだ」という台詞は，初めて俳優が映画の中でしゃべった台詞であるとともに，新しいエンターテインメント表現の幕開けを告げるものでもあった。

第4節　存在しないものを描く

　トーキーによって，音声と映像は同期して表示され，表現力は格段に向上した。

　一方で，トーキーを撮影・制作するための初期の機材は，無骨で取り回しが困難なものであった。さらに，撮影時には雑音を拾わないように防音などにも気を遣わなければならなかった。このため，カメラワークが不自由となり，結果として，初期のトーキー映画は，演出や内容の面で，従前のサイレント映画に比べて後退してしまった。

　そんな時期に，トーキーの撮影機材の不自由さをものともしない作品が，ウォルト・ディズニー（1901-1966年）によって作られた。世界初のトーキーアニメーションである『蒸気船ウイリー』（1928年）である。実写と異なり，アニメではカメラワークも自由自在である。さらに，動物に二足歩行をさせたり，身の回りのものを叩いて楽器のように演奏したりという現実世界ではありえないものを映像として表現できた。このため，熱狂的に作品は受け入れられた。

　ディズニー社は，その後も新規技術を積極的に取り入れて映像制作を行っている。たとえば，シリーシンフォニーという短編映画のシリーズの中の1編『花と木』（1932年）において，世界初のカラー映画を制作している。プリズムを用いて光の三原色に分けて3本のフィルムに記録して，上映する時には，逆に3本のフィルムから光の3原色を合成し，カラーで表現するという方式であった。

他にも，時代は下って，コンピュータグラフィックスを活用した『トロン』（1982年）や，全編を3DCG［三次元コンピュータグラフィックス］で作った『トイストーリー』（1995年）など，ディズニーは時代を画する作品を作り続けている。

　ディズニーの存在を踏まえて，映像を大別すると「撮る映像」と「作る映像」の2つになることがわかる。

　「撮る映像」とは，現実世界にカメラを向けて，映像用の複数の画像を得る方式であり，「作る映像」とは，画像をひとつひとつ時間を掛けて作ったものを素早く連続再生して，映像とする方式である。

　前者の代表が，実写映画であり，後者の顕著な例がアニメーション映画である。

　「作る映像」として特筆しておくべきものに，ウィルス・オブライエン（1886－1962年）が特殊効果を手がけた『ロストワールド』（1928年）や『キングコング』（1933年）がある。これらの作品では，小さな人形を少しずつ動かしながらコマ撮りすることによって，絶滅したはずの恐竜やありえないほど巨大な猛獣を動かし，人間と共演させてみせた。

　オブライエンの弟子である，レイ・ハリーハウゼン（1920－2013年）が，コマ撮りアニメーションで手がけた『原子怪獣現わる』（1953年）は，本多猪四郎（1911－1993年）と円谷英二（1901－1970年）が手がけた『ゴジラ』（1954年）などに大きな影響を与えた。

　留意しておきたいのは，単に中に人が入ったぬいぐるみの怪獣や，燃え上がる町並みの小さな模型を撮影しただけでは，「作る映像」ではなく「撮る映像」の範疇だということである。怪獣が巨大なスケール感で表示されるようにハイスピードで撮影したものをゆっくりと再生したり，火を吐く前に怪獣の背びれが発光するよう手描きのアニメーションとフィルムを合成したり手を加えることによって，存在しないものを描く「作る映像」といえるようになるのである。

第5節　日本のエンターテインメント

　日本のエンターテインメント，とくに「作る映像」の分野を語る上で外すことのできない人物が，「マンガの神様」と称される手塚治虫（1928－1989年）である。手塚は，大阪の裕福な家庭に育ち，幼少期からディズニー映画をはじめとするハリウッド映画の影響を大きく受けて育っている。長じて，戦後『新宝島』（1946年）などをヒットさせ，マンガ家として成功した後，アニメーション制作へと乗り出す。

　当時の日本では，東映動画（現東映アニメーション）が，中国の古典を原案としたアニメーション映画『白蛇伝』（1958年）がヒットしていた。『白蛇伝』は，日本初のカラーの長編アニメ映画ではあったが，ディズニー映画に比べれば，制作の体制も貧弱で，ノウハウを十分に備えたクリエーターが揃っているとは言えなかった。

　そんな中，1953年には日本でもテレビ放送が開始され，力道山（1924－1963年）のプロレス中継や皇太子ご成婚（1959年）などといったコンテンツの影響でテレビが一般家庭にも普及し始める。その動きに着目した手塚は，自らのマンガ作品『鉄腕アトム』（1952年）を原作として，テレビ向けのアニメーション番組を毎週放送することを思い立つ。1963年1月から放送されたテレビアニメ版『鉄腕アトム』は大人気を博し，直後から『鉄人28号』（1963年）など，アトムを見習ったテレビアニメが多数放送されるようになったのである。

　また，手塚によるテレビ向けのアニメーション番組と同時期に，『ゴジラ』を手がけた円谷によりテレビ向けの特撮番組も企画されていた。それが『ウルトラマン』（1964年）である。さらに，若手マンガ家が多数住んだことで知られる「トキワ荘」で手塚の薫陶を受けた石ノ森章太郎（1938－1998年）が原作の等身大ヒーロー『仮面ライダー』（1971年）や『秘密戦隊ゴレンジャー』（1975年）といった特撮番組が多数放送されることとなった。

　当時の世界に類例を見ない，テレビ向けのアニメ『鉄腕アトム』と特撮『ウ

ルトラマン』は，今日，独特の地位を築いた日本のエンターテインメントを方向付けた出発点であるといえるだろう。

大きく潮目が変わったのが，1973年のオイルショックに伴うインフレと不況である。第4次中東戦争に伴い原油価格が高騰，連鎖的に諸物価が高騰したにもかかわらず，不況により番組制作費は抑制，労働争議も起こるなどして，それまでのような番組の作り方は立ちゆかなくなってしまったのである。

煽りを受けて，手塚が社長を務めアニメを作っていた「虫プロダクション」は倒産してしまった。

また，その頃『マジンガーZ』（1972年）を作っていた東映動画は，外注制作の海外への依存度を高めたり，番組と玩具の連動を図ったりといった方法で収益性の改善を図った。

ウルトラマンのシリーズを作っていた「円谷プロダクション」は，『ウルトラマンレオ』（1974年）をもってシリーズの中断を余儀なくされている。

大きくダメージを受けた日本のエンターテインメントが再び活力を得るのは，いわゆる「オタク」と呼ばれる嗜好をもった層が一般化し，ビデオというメディアが普及してからである。

単なる子ども向けのコンテンツは，かねてより存在していた。しかし，それは大人になれば「卒業」してしまうという類いのものであった。それに対し，1960年代以降のアニメや特撮に触れて子ども時代を過ごした年代の人たちの多くは，ティーンエイジャーになっても，あるいは大人になっても，アニメや特撮から「卒業」することなく，愛好し続けているのである。こうした人たちは，1980年代以降「オタク」と呼ばれ，社会的な認知を受けた。いわゆる「オタク第1世代」と言われる年代は，『宇宙戦艦ヤマト』（1975年）や，『機動戦士ガンダム』（1979年）の熱狂的ブームの担い手となった。

また1980年代には，家庭用ビデオが普及する。ビデオテープレコーダー自体は，1950年代から業務用を中心に開発され放送局などのプロフェッショナル用途に使われてきた。しかし，ソニーが1975年に発売した「ベータマックス」規格のビデオテープレコーダーは，家庭用ビデオの市場を開拓した。家庭用のビ

デオは，当初は，放送されたテレビ番組を録画しておき，自分の都合の良い時間に改めて見直すための装置という位置づけであったが，普及に伴って，見たいソフトを買う，あるいはレンタルで借りてくるというビジネスが派生した。これによって，番組の制作側は，当初の制作費だけなく，ビデオからの２次収入が得られることとなったのである。

　かつてのような刹那的な制作から，目利きの鑑賞者に向けて，じっくりと丁寧に作ることができるようになり，また，好評価が得られれば，それに応じた収益を得られるようになったことで，エンターテインメントは好循環し始めたのである。

第６節　現在の映像制作は何を目指しているのか

　1980年代に始まったこうした好循環は2000年代半ばまで続いた。

　大人になってもアニメや特撮から「卒業」することのないオタク層は２世代・３世代となり，親子で楽しむシリーズ化が当たり前となった。ビデオテープはDVDへと代わり，扱いが一層簡単になり，多メディア展開は「究極の作る映像」とでも言うべきゲームを加えた。またこうした流れは日本国内に留まらず，海外にも広がり，日本のエンターテインメントを愛好する人たちは，拡大の一途であった。こうした要因により，市場は拡大し続けたのである。

　同時に進んだ，デジタル化とネットワーク化が，諸刃の剣となり，現在のエンターテインメントは岐路に立っていると言える。

　デジタル化，つまり制作におけるコンピュータの利用は，表現の幅を大きく広げることとなった。たとえば，撮影した素材は，かつてはフィルム上に光学的に記録されていたが，現在は，デジタル信号に変換されてデータとして記録される。また，人間が手で描いた画像も，ソフトウェアを使って描画した3DCGも，デジタルデータとして保存されるので，同一に扱うことができる。どのような手法によって制作された画像データかということは問われない。編集，加工，合成を自在にできるようになったのである。「撮る映像」か「作る

映像」かの区別は，今日では，無意味になった。あるいは，「作る映像（＝アニメーション）」がすべてを飲み込んでしまったと言えるかもしれない。表現力は高まり，従来，「撮る映像」では表現できない表現，手描きで表現するしかなかった表現もすべて，あたかも撮ったかのように作ることができるようになったのである。このこと自体は喜ばしいことではある。しかし，今や，すごい映像を見たときでも，驚きや感動の大部分はスポイルされてしまっている。作り手の一層の奮起が求められているのである。

　ネットワーク化，つまりメディアとしてのインターネットの利用は，情報の活用範囲を大きく広げることとなった。たとえば，宣伝にインターネットを活用すれば，コストをあまり掛けずに多くの人たちに届けることができ，興味関心をもった人に詳細な情報を届けようとすれば，それも可能である。見終わった人たちが感想をお互いにやりとりするのは，見終わった人たちにとっての楽しみであると同時に，作り手側にとっては新しい作品を作るためのフィードバックとなり，まだ見ていない人にとってはその作品を見るべきかどうかの判断材料となる。しかし，ネットワークの容量・スピードがかつてないほどに上がってくるに従い，ネットワークで映像を見るというスタイルが好まれるようになってくる。確かに，過去の面白そうな作品，宣伝されている作品の情報をネットで知ったとき，DVDで見るために，レンタルビデオ店に足を運ぶ，レコード店に買いに行く，オンラインショップで注文して届くのを待つ，映画館へ行きチケットを買って見る，などの手間を掛けるより，ネットでそのまま見ることができれば，手軽である。しかし，それが権利者によって正当にアップロードされたものでは必ずしもない，すなわち，作り手に制作の対価が回る形式のものであるとは限らない海賊版であることが懸念されるのである。

　ここまで，現実世界をメディアに記録する方法が高度化・多様化し，それに伴いエンターテインメントもまた高度化・多様化してくる様態を見てきた。

　一方で，デジタル化とネットワーク化という技術の高度化が，現在，実写・特撮・アニメを「作る映像」として包含していること，そして制作者に対価が回る好循環が破壊されつつあることを指摘した。

将来，エンターテインメントの制作を志す若い方々は，先人の英知や工夫を尊重し，より一層の創造性を発揮して欲しいと思う。

第9章
ポピュラー音楽の現在とメディアの変容

溝尻　真也

第1節　ポピュラー音楽を研究するということ

　大学でポピュラー音楽を研究する，と聞いたとき，みなさんはどういう内容をイメージするだろうか。多くの大学で提出されるレポートや卒業論文などを見る限り，「ロックバンド△△の人気の秘密を探る」といった，自分の好きな楽曲や人気のミュージシャンについて調べたことを書くのがポピュラー音楽の研究だと思っている学生は，少なくないようである。

　しかし，大学という学問の場で行うポピュラー音楽の研究は，自分の好きな音楽について書き連ねることとは根本的に異なる。それは「自分はポピュラー音楽をどのように聴いているのか？」「なぜそのような聴き方をしているのか？」「他の人は，何をどのように聴いているのか？」「多くの人がそのような聴き方をしている裏には，どのような社会的背景があるのか？」といったように，自分の周りにある身近なコンテンツや，それを楽しむ自分自身に対して，「なぜ」や「どのように」を突きつける行為にほかならない。

　ところが，やってみるとこれが意外に難しいことが分かるだろう。ポピュラー音楽は私たちにとってあまりにも身近な存在であるがゆえに，エッセイや感想文ではなく，研究対象として観察し，調査し，分析し，記述するためには，それなりのトレーニングが必要になる。裏を返せばポピュラー音楽は，こうした私たちの周りにある身近な文化を研究するために必要な姿勢を学ぶための，格好の素材であるということができる。

本章ではポピュラー音楽を学問的にとらえるためのいくつかの視点を紹介しながら，身近な文化を研究するとはいかなることなのか，考えてみたい。

第2節　ポピュラー音楽をめぐる研究の歴史

　ところで，ここまで筆者は本章のテーマを「ポピュラー音楽」という言葉で言い表してきたが，なかにはこの表現に違和感を覚える人もいるのではないだろうか。筋金入りのクラシック音楽ファンや，中学校や高校の授業で音楽を教えている教師でもない限り，私たちはロックやポップスに代表されるポピュラー音楽のことを，とくに意識もせずに「音楽」と呼んでいる。少なくとも，日常会話で「私の好きなポピュラー音楽は…」という言い方をしている人はきわめてまれであろう。

　しかしながら学問の世界では，私たちがふだん何気なく聴いているロックやポップスなどの音楽のことを，クラシック音楽や民族音楽などと区別してポピュラー音楽と呼ぶことが多い。そしてこの呼び方自体が，果たしてポピュラー音楽は学問の対象になり得るのかという問題に対して交わされてきた，議論の結果として存在しているものなのである。

　地理学者の山田晴通は，あくまで「操作的定義」（ある目的に沿って議論を進めるためにとりあえず設定した定義）であるという断りを入れた上で，ポピュラー音楽を次のように定義した。

　　「ポピュラー音楽」とは，大量複製技術を前提とし，大量生産〜流通〜消費される商品として社会の中で機能する音楽であり，とりわけ，こうした大量複製技術の登場以降に確立された様式に則った音楽である（山田 2003: 9）。

　山田は，ポピュラー音楽をポピュラー音楽として成り立たせているものは，大量複製技術であると述べている。大量複製技術とは，ある演奏を録音し，機械を使って大量にコピーし，多くの人に送り届けるために必要な一連のシステ

ムだと考えればいい。出版も新聞も放送も、あらゆるマスメディアにとってこの大量複製技術の存在は必要不可欠なものであり、ポピュラー音楽とそれ以外の音楽との違いも、この大量複製技術の存在を前提に作られているか否かにあるのではないか、というのが山田の問いかけである。

　蓄音機が発明され、音楽を保存・再生することができるようになるのは19世紀後半だが、それ以前の時代、人びとは音楽を聴こうと思えば生演奏を聴きに行くしかなく、それは基本的に一回限りの経験であった。したがってその頃の楽曲は、録音され繰り返し聴かれることを前提に作られてはいない。だから山田の定義に従えば、蓄音機の発明以前から存在していたジャンルの楽曲は、たとえ現在CD化されていたとしても、ポピュラー音楽とは呼べないということになる。このように、ポピュラー音楽について考えるとは、楽曲の内容についてのみならず、その楽曲が複製され、流通し、大量の人びとに消費される、その歴史的背景やプロセスについて考えることでもあるのだ。

　大量複製技術を前提としたポピュラー音楽の聴取は、生演奏されるクラシック音楽の聴取と比べて価値の低い音楽経験であり、むしろ批判すべき対象である、という考え方は、学問の世界では長く共有されてきた。たとえば、1930年代から60年代にかけて多くの論考を残したドイツ人哲学者アドルノ（Adorno, Theodor W.）は、ラジオやレコードなどのマスメディアを通して音楽を受動的に聞き流す「娯楽的聴取者」を生み出した社会の構造を厳しく批判した。一回限りの生演奏に集中して向かい合う態度こそが、芸術作品としての音楽を聴取する正しい態度であると信じて疑わなかったアドルノにとって、家のソファーに寝そべってラジオやレコード音楽を聴くリスナーの出現は、退化以外のなにものでもなかったのである。

　しかし1970年代に入ると、クラシック音楽に比べて低い位置に置かれてきたポピュラー音楽にも光を当てる研究が現れた。そのひとつに、カルチュラル・スタディーズと呼ばれる研究領域がある。

　カルチュラル・スタディーズの研究者は、1964年にイギリスに設立されたバーミンガム大学現代文化研究センターを拠点に、イギリス労働者階級の人び

とへのフィールドワークを精力的に行い，彼らがどのような文化の中でどのような生活を送っているのかを調査した。そして，この研究者たちがとくに注目したのが，労働者階級の若者たちがテレビや音楽などのコンテンツをどのように読み解いているかという点であった。たとえばカルチュラル・スタディーズの代表的研究者のひとりであるヘブディジ（Hebdige, Dick）は，その著書『サブカルチャー』の中で，モッズやパンクなどの音楽文化を事例に，芸術的には低い価値しかもたないと思われてきたこれらのコンテンツの中に，聴き手である若者たちがどのような意味を見出しているかをていねいに分析することで，社会の中でサブカルチャーが果たしている積極的な役割を明らかにした。

　カルチュラル・スタディーズは1990年代以降，日本の研究者にも大きな影響を与えた。それまで，日本で音楽学といえばクラシック音楽を研究する学問のことを指していたのが，この頃から少しずつ，ポピュラー音楽に代表される大衆的なメディア文化にも，研究の光が当てられるようになっていったのである。いまでこそこうしたメディア文化は多くの大学の授業で取り上げられるようになっているが，このような状況が当たり前になったのは，実はそう古い時代のことではない。

第3節　ポピュラー音楽と再生技術の変遷

　ポピュラー音楽に関する研究の歴史をごく簡単に確認したところで，本節からは，日本のポピュラー音楽をめぐる現状について考えると同時に，それを具体的にどのような方法で研究することができるのか，いくつかの視点を提示してみたい。

　まずは入口として「現在ポピュラー音楽はどのように聴かれているのか」を考えてみることにしよう。私たちは多くの場合，CDなどの記録媒体を機械で再生することでポピュラー音楽を聴取している。ミュージシャンと私たちのあいだには何重にもメディアが入り込んでいるのであって，その意味でポピュラー音楽の聴き方を考えるとは，それを媒介するメディアのありようについて

考えることでもある。

　まずは、現時点で最も一般的に使われている音楽記録媒体であるCDについて考えてみよう。

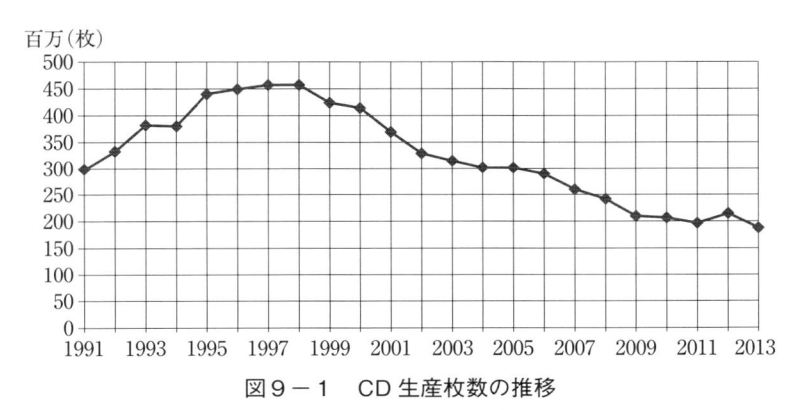

```
百万（枚）
500
450
400
350
300
250
200
150
100
 50
  0
   1991 1993 1995 1997 1999 2001 2003 2005 2007 2009 2011 2013
```

図9－1　CD生産枚数の推移

（出所）　日本レコード協会「音楽ソフト種類別生産数量の推移」http://www.riaj.or.jp/data/quantity/（2014年1月31日閲覧）を元に筆者作成[1]）

　CDをめぐる状況はきわめて厳しい。その生産枚数は1998年を頂点に激減し、2009年以降はピーク時の半分以下にまで落ち込んでいる（図9－1参照）。

　レコード業界自身が「レコード業界の危機」を叫ぶようになって久しいが、その裏にはCD売り上げに支えられてきたレコード業界の構造的な問題がある。しかし、筆者が参加している研究グループが2012年に行った統計調査によると、若者が音楽にかける金額はこの20年で明らかに減少しているが、彼／彼女らの音楽に対する意識は依然として高く、音楽聴取時間も目立って減っているわけではないことが分かる[2]）。つまり、若者がCDを買わなくなったのは事実だが、だからといって若者が必ずしも音楽を聴かなくなったとはいえないのである。

　では、彼／彼女らはいったいどのような方法で音楽を聴いているのだろうか。この問題には、音楽を再生するためのメディアの変化が大きく関わっている。

　日本レコード協会が2012年に発表した調査結果によると、音楽を再生するた

めに最もよく使われている機器は，家の内外を問わずデジタル携帯オーディオプレーヤーであり，2位がパソコンであるという。購入・レンタルあるいはダウンロードした音源をパソコンに取り込み，パソコン上でそれを再生したり携帯型プレーヤーに転送して聴くというのが，現在最も一般的な音楽の聴き方になっていることが分かる。これ以外に，動画投稿サイトにアップロードされた音楽を，ストリーミング再生して観る／聴く，という方法もあるだろう。実際，同調査の「この半年間に，音楽を楽しむために利用したサービスは何ですか」という質問では，「無料動画配信サイト」という回答が，ラジオやテレビ，カラオケなどに大きな差をつけて1位になっている（日本レコード協会 2013：26-27）。

　レンタルCDやダウンロードした音楽ファイルをパソコンや携帯型プレーヤーで聴く，あるいは動画投稿サイトを利用する，という音楽の聴き方がここまでの支持を得ているのは，①自分の好きな楽曲を②好きな時間に③お金をかけずに聴くことができるからという3つの要因が絡んでいる。いまとなっては当然のように感じられる3つの要因ではあるが，音楽メディアの歴史を振り返ると，これらを同時に満たす聴き方が可能になったのは，ごく最近の話であることが分かる。

　1960年代まで，人びとは好きな楽曲を選んで聴きたければレコードを購入するしか方法はなかったが，当時のレコードは非常に高価で，若者が気軽に購入できるものではなかった。たとえば1961年のLPレコード（現在のCDアルバムに相当する）の価格は2,000円前後であり，現在の価格に換算すると約10,000円になる[3]。

　そこでお金のない多くの若者は，テレビやラジオを音楽メディアとして利用した。とくに1970年代にラジオカセットテープレコーダー，いわゆるラジカセが普及すると，人びとはラジオ番組で流れる好きな楽曲を狙って録音し，自分が聴きたい曲だけを詰め込んだオリジナルテープを作ってはそれを繰り返し再生することができるようになった。しかしラジオ番組の中で，自分の聴きたい楽曲がいつ流れるかを予測することは難しく，1本のテープを完成させるには

大変な労力が必要であった[4]）。

その後，1980年代後半にCDレンタル店が急増すると，このようなオリジナルテープも手軽かつ安価に作ることができるようになった。こうして，好きな楽曲を，好きな時間に，お金をかけずに聴くための技術や制度が少しずつ整っていったのである。

2000年代に入りデジタル音楽プレーヤーが普及すると，ポケットサイズの機器に数千曲の楽曲を保存して持ち運ぶことすら可能となった。これによって，レコードやCDなどの記録媒体がもっていた意味は完全に変わりつつある。数千の楽曲を持ち運ぶことができるとなれば，手に入れた楽曲データはとりあえず全部パソコンと携帯音楽プレーヤーの中に保存しておいて，あとはその時の気分で聴く曲を選べばいい。シャッフル再生機能を使って，次に何が流れるか分からない状態で気ままに音楽を楽しんでもいい。こうなると，あるコンセプトの下に複数の楽曲を収録して作られるCDアルバムという形態は，もはやその意味をなさなくなるだろう。再生技術の変化は，私たちの音楽経験のあり方や，コンテンツの中身にも大きな影響を及ぼすのである。

第4節　動画投稿サイトがもたらしたポピュラー音楽経験の変化

1．音楽メディアとしてのYouTube

その後2000年代後半になると，YouTubeに代表される動画投稿サイトが急速に広まっていったことによって，ポピュラー音楽とリスナーの関係にはさらに大きな変化が生じた。それは前節でも述べたように，単なる再生技術の変化にとどまらず，コンテンツの中身や，私たちがポピュラー音楽を経験するそのあり方自体も劇的に変えつつある。

たとえば，2013年に日本のYouTube上で最も再生されたミュージックビデオは，きゃりーぱみゅぱみゅの「にんじゃりばんばん」であった。再生回数は約2650万回だったが，これは音楽関連動画を除いた再生回数ランキングで1位

となった動画（「恋するフォーチュンクッキー STAFF Ver.」約820万回）の3倍以上の再生回数である。この他，SEKAI NO OWARI「RPG」が約2180万回，きゃりーぱみゅぱみゅ「インベーダーインベーダー」が約1620万回，きゃりーぱみゅぱみゅ「ふりそでーしょん」が約1530万回，剛力彩芽「友達より大事な人」が約1220万回と，ミュージックビデオはそれ以外の動画と比べて圧倒的な再生回数を記録している[5]。YouTubeは，テレビをはじめとするさまざまなメディア産業に大きな衝撃と打撃を与えたといわれているが，日本においてその影響が最も大きかった業界の1つが，音楽業界だったのである。

　YouTubeは，2007年にアメリカの技術者カリム（Karim, Jawed）らが開設した動画投稿サイトである。最初に投稿されたのは"Me at the zoo"と題された19秒の短い動画で，カリムが動物園で見た象の感想を述べるというきわめてシンプルなものだった[6]。そもそも彼らがYouTubeを開設した目的は，仲間内で開いたパーティの動画を参加者と共有するためだったといわれている。現在は月間10億人を超える人びとに利用される動画投稿サイトとなったYouTubeだが，もともとはごく親しい人びとで動画を共有するためのシステムとして開発されたものだったのである。

　その後YouTubeは，プロの映像制作者ではないアマチュアの人びとが，自らが制作した動画を公開し，共有するためのサイトとして急成長していく。2000年代後半に世界中で人気を集めた動画は，"Where the Hell is Matt?"（ある男性が世界中を旅しながら独特のダンスを踊る動画[7]）や，"Amateur"（ひとりの男性が慣れない手つきでピアノやドラムを演奏している映像を，1音ずつ分解して切り貼りすることで，あたかもプロ顔負けの演奏をしているかのように見せる動画[8]）など，テレビや映画とは異なる素人ならではの発想で作られた「おもしろ動画」が多かった。素人でもアイデア次第で世界中の人びとを楽しませる作品を作ることができる。そんなモニターの向こう側とこちら側の近さこそが，初期のYouTubeがもっていた最大の魅力であった。

　しかし視聴者の数が増えるにしたがって，YouTubeの性質は変わっていった。とくに日本では，インターネットを介した音楽配信事業がそれほど根付か

なかったこともあり，好きな楽曲を，好きな時間に，しかも無料で楽しむことができる，YouTube を通したポピュラー音楽視聴への期待はさらに高まっていった。すると，音楽業界も自ら公式アカウントを立ち上げて楽曲を公開しはじめ，YouTube をプロモーションメディアとして戦略的に利用するようになる。こうして YouTube はレコード会社の楽曲発表の場となり，プロの作ったミュージックビデオが，素人の作ったおもしろ動画の人気を凌駕するようになっていったのである。

2．ニコニコ動画と消費されるコミュニケーション

　アメリカで生まれた YouTube が，次第にレコード会社が作ったミュージックビデオを視聴する場になっていったのに対し，日本独自の動画投稿サイトであるニコニコ動画は，それとは逆の流れをたどった。

　2007年に開設されたニコニコ動画は，単に動画を視聴するだけでなく，それを観たユーザーたちからのコメントが動画の上を流れていくのが特徴である。実際にはユーザーたちはそれぞれバラバラに観ながらコメントを書き込んでいるにもかかわらず，画面上ではあたかも同じ時間を共有しながら感想やツッコミを言い合っているかのように見せるこのシステムの特徴を，情報環境研究者の濱野智史は「疑似同期」と呼んだ。動画そのものを楽しむのではなく，むしろ動画が巻き起こす疑似同期的なコミュニケーションを楽しむメディアとして，ニコニコ動画は人気を獲得した（濱野 2008：208-240）。

　ニコニコ動画において圧倒的に人気があるのもやはり音楽コンテンツだが，ここで視聴されている音楽は，レコード会社が作ったミュージックビデオとは異なる。むしろ素人がパソコン上で作り上げた，同人音楽と呼ばれるジャンルのコンテンツが，ニコニコ動画では再生回数ランキングの上位に入り込んでいるのである。

　ニコニコ動画は，当初 YouTube 上の動画にユーザーが投稿したコメントを表示させるシステムとしてスタートしたが，直後に YouTube からアクセスを遮断されてしまったことで，独自に動画を調達する必要に迫られた。このとき

に重要な役割を果たしたのが，同じく2007年に発売された音声合成ソフト・初音ミクであった。それまでにも，パソコン上で音楽を作り出す同人音楽と呼ばれる趣味は，多くのアマチュアたちに楽しまれていたのだが，歌声だけはパソコンで作り出すことが難しかったため，そこで作られる楽曲は歌のないインストゥルメンタル曲が主流であった。しかし初音ミクの出現によって，歌声を含め，楽曲のすべてをパソコン上で作り出すことができるようになったのである。こうしてニコニコ動画上には，アマチュアたちが初音ミクを使って作り出した楽曲があふれることになる。

初音ミク作品の流行は，「モニターの向こう側とこちら側の近さ」という初期YouTubeがもっていた楽しみを，ユーザーたちに改めて認識させた。プロではない，自分たちと同じ立場の人間が作ったコンテンツを，同じく素人の視聴者みんなで観てコメントしあうという，その一連の行為そのものが楽しみとして消費されるようになったのである。濱野智史はこの現象を，社会学者の北田暁大（きたあきひろ）が提示した「繋（つな）がりの社会性」（コミュニケーションの内容ではなく，コミュニケーションしているという事実そのもののためにコミュニケーションが行われるという，とくにインターネットの普及以降に見られる社会の特徴）という言葉を使って説明した（濱野 2008：232）。

近年では，単にパソコン上で作った楽曲が公開されるだけではなく，初音ミクが「歌ってみた[9]」楽曲が，それを観たユーザーによって再度「歌ってみた」り「演奏してみた」り「踊ってみた」りされることがある。さらに，ユーザーが「歌ってみた」様子を撮影し投稿した結果，その歌い手の動画自体が爆発的な人気を得ることもある。また，このような歌い手が発売したCDがプロの歌手を凌ぐ売り上げを叩き出し，ライブには数千人単位のファンが集まるといった現象も起きている。これも楽曲の内容というよりは，音楽が生み出すつながり自体が楽しみとして消費されている一例ということができるだろう。

第5節　音楽をめぐる物語の生産／消費

　このように，インターネットの普及によって，もはや音楽はお金を出してCDを買わずとも，簡単に楽しめるものになった。それに伴い，お金を出してCDを買うという行為がもっていた意味も，単に好みの楽曲を聴くというだけの意味から違ったものへと変化しつつある。

　表9－1は，2010年から13年にかけてのCD売り上げランキングを表にしたものである。これを見ると，売り上げ上位のほとんどがアイドルグループによって占められているのが分かるだろう。評論家のさやわかは，このランキングで上位を占めているAKB48の戦略に焦点を当て，「音楽それ自体」の価値が音楽市場の中で評価されなくなった現状を業界が自覚し，その実情に合わせて運営戦略を練り上げていった結果，このような状況が生まれたと分析した。ファンの多くは楽曲の内容ではないところでCDを買っている，という状況を正しく認識していたからこそ，AKB48はヒットチャートを独占できたのである（さやわか 2013：52-71）。

　では，CDを買う／買わないを決定させる要因が，必ずしも楽曲の内容ではなくなっているのだとすれば，それはいったい何なのだろうか。

　ひとつは，ファンの間で自嘲気味に「お布施（ふせ）」と呼ばれている購買行動が挙げられるだろう。これは，ある宗教の信者がその信仰心を表すために神様や仏様にお賽銭を供えてお祈りするのと同様，自分自身が熱心なファンであることを示すためにお金を出してCDを買うことを指す。CDを購入することで手に入るさまざまな特典は，あたかも神社のお守りのように，ファンとしての熱心さを表す物的証拠として収集される，というわけである。

　「お布施」とともにもうひとつのキーワードとして挙げられるのが，「物語」である。アイドルたちが提供しているのは，楽曲のみならず，自分自身のリアルな成長と葛藤の物語であり，ファンはその物語の主役である個々のアイドルを応援するためにCDを買っている。応援の結果は，CDの売り上げ枚数や，

表9-1　2010～2013年のシングルCD売り上げランキング[10]

	2010年	2011年	2012年	2013年
1	Beginner AKB48（95.4）	フライングゲット AKB48（158.7）	真夏のSounds Good! AKB48（182.0）	さよならクロール AKB48（195.5）
2	ヘビーローテーション AKB48（71.3）	Everyday、カチューシャ AKB48（158.6）	GIVE ME FIVE! AKB48（143.6）	恋するフォーチュンクッキー AKB48（147.9）
3	Troublemaker 嵐（69.8）	風は吹いている AKB48（141.8）	ギンガムチェック AKB48（130.3）	ハート・エレキ AKB48（126.0）
4	Monster 嵐（69.6）	上からマリコ AKB48（119.8）	UZA AKB48（121.5）	So long! AKB48（113.2）
5	ポニーテールとシュシュ AKB48（65.9）	桜の木になろう AKB48（107.9）	永遠プレッシャー AKB48（107.3）	EXILE PRIDE～こんな世界を愛するため～ EXILE（101.2）
6	果てない空 嵐（65.6）	Lotus 嵐（62.5）	ワイルドアットハート 嵐（64.9）	Calling/Breathless 嵐（88.1）
7	Løve Rainbow 嵐（62.0）	迷宮ラブソング 嵐（61.4）	Face Down 嵐（62.0）	チョコの奴隷 AKB48（67.1）
8	チャンスの順番 AKB48（59.6）	マル・マル・モリ・モリ！ 薫と友樹、たまにムック。（49.8）	片想いFinally SKE48（59.3）	美しい稲妻 SKE48（66.1）
9	Dear Snow 嵐（59.1）	パレオはエメラルド SKE48（46.6）	キスだって左利き SKE48（58.8）	僕らのユリイカ NMB48（55.7）
10	To Be Free 嵐（51.6）	Everybody Go Kis-My-Ft2（44.1）	アイシテラブル！ SKE48（58.2）	Endless Game 嵐（55.7）

（出所）　ORICON STYLE http://www.oricon.co.jp/ （2014年1月31日閲覧）より作成

総選挙での得票数，じゃんけんの勝敗といった形で公開され，そのプロセス自体もまたコミュニケーションの資源として消費されるという構造が，そこにはある。

　文芸評論家の円堂都司昭（えんどうとしあき）は，やはり社会学者・北田暁大が提唱した「繋がりの社会性」の概念を用いて，AKB48と初音ミク現象の類似性を論じた（円堂2013：86-122）。その仕掛人が，プロデューサーである秋元康なのかアマチュアユーザーなのかという違いはあれど，AKB48や初音ミク，歌い手をめぐる物語は，ソーシャルメディアを介して次々と創出され，拡散していく。するとそ

の拡散を受ける形でコンテンツ自体もリアルタイムに変化していくため，そこからまた新たな物語が生み出されていく。この循環の中で，現在のポピュラー音楽とそれをめぐるコミュニケーションは消費されているのである。楽曲の内容が重視されなくなった時代のCD購入とは，消費者がこうした物語により強く参入するための手続きのひとつとして行われていると理解することができるのではないだろうか。

第6節　プロセスとしてのポピュラー音楽について考える

　以上，本章では現代日本のポピュラー音楽を題材に，身近な文化を学問的に研究するためのいくつかの視点を提示してきた。

　デジタル技術の進展とソーシャルメディアの台頭によって，私たちのコンテンツ消費の仕方は劇的な変化を遂げた。これまでにもリスナーたちは，好きな楽曲を好きな時間にお金をかけずに聴くためにさまざまな工夫を行ってきたのだが，音楽のデジタル化は，単なるメディアの変化にとどまらず，私たちの音楽聴取の方法自体を変えてしまった。CD購入に比べてきわめて安い値段でレンタルしたりダウンロードした楽曲を，数千曲単位で保存して気軽に持ち歩くという行為は，それまでのパッケージメディアがもっていた意味さえも書き換えつつある。

　一方，私たちが「音楽を楽しむ」というとき，それはもはや楽曲を聴取する楽しみだけに限定されてはいない。そこで楽しまれているのは音楽そのものというより，音楽の周りで作り出される物語であり，CDの購入という行為も，もはやそうした物語により強く参入するための条件のひとつに過ぎない状況になりつつある。

　このような現状を見ると，CDはもう一部の熱心なファンにしか必要ないものになってしまったようにも感じられるかもしれない。しかし一方では，そうとも言い切れない調査結果も存在している。筆者らが，2012年に16歳〜29歳の

若者を対象に行った統計調査によると,「音楽配信があれば,CDなどのパッケージメディアはなくなってもよい」という質問に「そう思う」「どちらかといえばそう思う」と答えた人の割合は,39.9%であった。CDを買う人は減っているが,CDをなくして配信のみにすることには,6割以上の人は賛成していないのである[11]。

　ポピュラー音楽が成立するためには,音楽を記録し,大量に複製し,流通させるためのシステムの存在が不可欠だったことは第2節で述べた。そして気がつけば,レコードやCDなどのモノに記録された情報を再生して聴くという音楽聴取のあり方が成立してから,100年あまりが経っている。録音されたモノの存在は,それなしの音楽経験を想像させないほどに,私たちの生活に深く刻み込まれているのかも知れない。

　このように,ポピュラー音楽を研究しようとするとき,楽曲の内容やミュージシャンにまつわる事柄だけを調べても,その内実は見えてこない。私たちがいま消費しているのは,次々と登場するメディア技術や,その技術によって媒介される物語,そしてこれらの技術や物語から生み出されるコミュニケーションそのものである。それは音楽に限った話ではなく,あらゆるメディア文化にいえることなのではないだろうか。

　メディア文化を研究するとは,コンテンツの周りで技術や物語がどのように生み出され,私たちが日々の生活の中でそれらをどのように消費しているのかという,そのプロセスについて,調査し,観察し,考えるということに他ならないのである。

【注】
1）　枚数は8cmディスク,12cmディスクおよびシングル,アルバムをすべて合計したもの。
2）　2012年,青少年研究会が16歳～29歳の若者を対象に行った「都市住民の生活と意識に関する世代比較調査」(研究代表:藤村正之　有効回収サンプル数:1,050票)によると,「あなたはひと月平均いくらくらい音楽(CD・ダウンロード・ラ

イブ）にお金を使っていますか」という質問に対し，「0円」と答えた人の割合は36.1％であった。2002年に行った同じ調査では12.0％だったことを考えると，音楽にお金をかけない若者が大幅に増えたことが分かる。その一方，文学やマンガ，テレビゲームなどの文化ジャンルの中から「最も関心があるもの」を答える質問で「音楽」を挙げた回答者の割合は，2002年の38％に対して2012年は31.3％と減少したものの，他のジャンルに較べると高い割合を示し続けていた。また1日あたりの音楽聴取時間の平均は88.71分であり，依然として若者たちがかなりの時間，音楽に接していることも明らかとなった。

3）　東京都区部消費者物価指数の上昇率を元に現在の価格に換算した。
4）　そのため1970年代には，いつ，どのような楽曲が，何秒間流れるかが詳細に記されたラジオ情報誌が複数発行され，どれも数十万部の発行部数を誇った。
5）　"You Tube Rewind 2013（日本）" http://www.youtube.com/user/theyearinreviewJP（2013年12月12日閲覧），再生回数は閲覧時のもの。
6）　"Me at the zoo" http://www.youtube.com/watch?v=jNQXAC9IVRw （2013年10月28日閲覧）
7）　"Where the Hell is Matt? 2005" http://www.youtube.com/watch?v=7WmMcqp670s（2013年10月28日閲覧）
8）　"Amateur" http://www.youtube.com/watch?v=JzqumbhfxRo 2013年10月28日閲覧。
9）　実際には制作者が初音ミクというコンピュータソフトに「歌わせて」いるわけだが，ニコニコ動画上では，初音ミクを人格をもったアイドルとして扱う認識が共有されているため，このような表現が用いられる。
10）　カッコ内は推定出荷枚数。単位は万枚。
11）　前掲「都市住民の生活と意識に関する世代比較調査」による。

第4部　メディアを支えるシステムデザイン

第10章

Web 表現の仕組み

皆川　武

第1節　Web 表現とは

　Web ページでテキスト文書や写真，イラストなどの画像，動画やアニメーションなど，さまざまな素材を利用して情報発信するためには，Web ページを作成する際に使用する言語や，Web ブラウザに Web ページが表示される仕組み，文字コードや色の指定方法，画像や動画のファイル形式などを理解することが必要である。ここでは，さまざまな素材を用いて Web 上で表現するための基礎的な仕組みや知識について概観していく。

第2節　Web ページ制作で使用する言語

　Web ページを作成する際は，主に HTML，CSS，JavaScript の3つの言語を利用することが多い。これら3つの言語にはそれぞれの役割があり，Web ページを作成する際の基本的な知識として，それぞれの言語を身に付けることが求められている。これら3つの言語の関係は次の通りである。

1．HTML（Hyper Text Markup Language）の役割
　Web ページにおいて文書の構造を記述するマークアップ言語として利用される。文書は「見出し（タイトル）」や「本文」「段落」「箇条書き（リスト）」など複数の要素から成り立ち，Web ページを作成する際は，タグを追加する

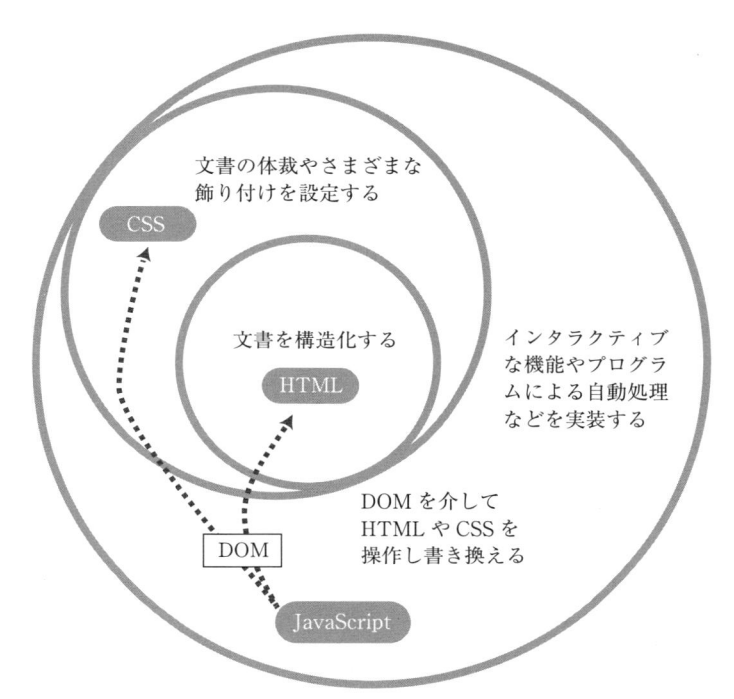

図10−1　HTML，CSS，JavaScript の役割と関係

ことからはじめる。たとえば文書中の見出しは <h1>，段落は <p>，改行は
 など，HTML で標準化されているタグを追加することにより，文書を構造化することができ，人に対してだけではなく，プログラムに対しても文書の構造を伝えることができる。

　Web ページの基本となる構成は全体を <html> タグで囲み <head> タグで囲まれたヘッダ部と <body> タグで囲まれた本体部からなる。

　ヘッダ部で，HTML 文書全体に関わる情報を記述し，本体部に Web ブラウザに表示するコンテンツ（内容）を記述する。HTML 文書の拡張子は .html を利用する。

```
〈html〉
  〈head〉
    ヘッダ要素      ┐ ヘッダ部=HTML文書全体に関わる情報を記述する
  〈/head〉
  〈body〉
    本体要素        ┐ 本体部=Webブラウザに表示するコンテンツ(内容)を記述
  〈/body〉
〈/html〉
```

図10－2　Webページの基本構成

2．CSS（Cascading Style Sheets）の役割

　HTMLで構造化された「見出し（タイトル）」や「本文」「段落」などの各要素に対し，文字の大きさや色，行間，画像の配置場所，背景色や背景画像の指定など，文書の体裁やさまざまな飾り付けを記述する。Webページを作成する際は，HTMLによる文書の構造化とCSSによる文書の体裁の分離という概念が重要となる。CSSはHTML文書内に記述することも可能であるが，CSSのみ別ファイルに記述して，HTML文書からCSS文書をリンクさせる方法が利用される。CSS文書の拡張子は.cssを利用する。

3．JavaScriptの役割

　Webページにインタラクティブな機能やプログラムによる自動処理などを実装する。たとえば，HTMLで表示されたボタンやドロップダウンメニュー，テキストフィールドなどのフォームから入力された情報に対し，プログラム処理を実行するなど，インタラクティブな機能による操作性を付加することができる。

　さらには，API（Application Programming Interface）であるDOM（Document Object Model）を介してJavaScriptからHTMLやCSSを操作し書き換えることも可能であり，jQueryなどフリーで公開されているJavaScriptライブラリを利用することにより，アコーディオンメニューやスライドショーなど高度な表現を簡単に実装することができる。JavaScriptはHTML文書内に記述する

ことも可能であるが，JavaScript のみ別ファイルに記述して，HTML 文書から JavaScript 文書をリンクさせることができる。JavaScript 文書の拡張子は .js を利用する。

第3節　HTML や CSS の標準化

さまざまな国で作成された Web ページを，Web ブラウザで正確に表示させるためには，厳密なルールの取り決めが必要である。HTML や CSS は国際的

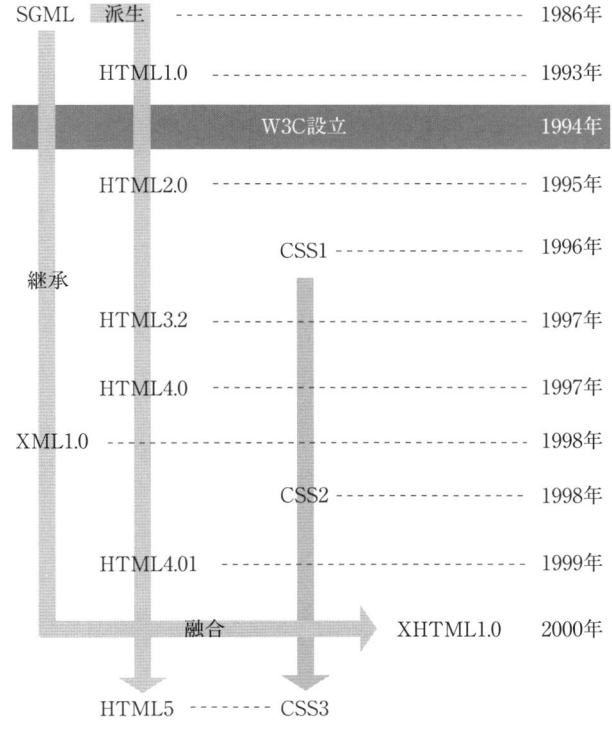

```
SGML      派生 -------------------------------- 1986年
          HTML1.0 ---------------------------- 1993年
          ============ W3C設立 ============== 1994年
          HTML2.0 ---------------------------- 1995年
                    CSS1 -------------------- 1996年
継承       HTML3.2 ---------------------------- 1997年
          HTML4.0 ---------------------------- 1997年
XML1.0 ------------------------------------- 1998年
                    CSS2 -------------------- 1998年
          HTML4.01 --------------------------- 1999年
              融合            XHTML1.0         2000年
          HTML5 -------- CSS3
```

図10－3　言語の標準化

な非営利団体 W3C（World Wide Web Consortium）により，これら言語の標準化が行われている。

　Web ページの文書を構造化する言語は，HTML1.0～5 と XHTML1.0に分類され，W3C によりそれぞれ標準化されてきた。HTML は SGML（Standard Generalized Markup Language）というマークアップ言語（文書記述言語）が元になり，SGML の派生として HTML1.0から5へと発展してきた。一方，Web で利用することを前提に SGML を簡略化し継承する XML（Extensible Markup Language）と HTML を融合して XHTML（eXtensible HyperText Markup Language）1.0が標準化された。

　現段階では HTML5および CSS3が，次世代の言語として W3C により標準化作業が行われているが，すでに Apple 社や Google 社などでは HTML5で Web サイトを構築しており，今後は HTML5と CSS3を組み合わせた Web ページ作成が主流になると予想される。

第4節　Web ブラウザで Web ページを表示する仕組み

　Safari や Firefox などの Web ブラウザを利用してさまざまな Web サイトにアクセスすると，Web ブラウザに Web ページが表示される。Web ブラウザで Web ページを表示する仕組みを図解すると以下の通りである。

　パソコン同士のやりとりは，ネットワークを介してサーバ（さまざまなサービスを管理・提供する側）と，クライアント（サービスを受けとる側）の間で情報の送受信が行われる。Web ページを構築する HTML ファイルや CSS ファイル，画像などの素材ファイルなどは，Web サイトを管理する Web サーバ上に保存されており，次の手順でやりとりされる。

① 　クライアントの Web ブラウザから Web サイトの URL（Uniform Resource Locator）を入力またはリンクをクリックする
② 　クライアントの Web ブラウザが Web サーバにファイルをリクエスト（要求）する

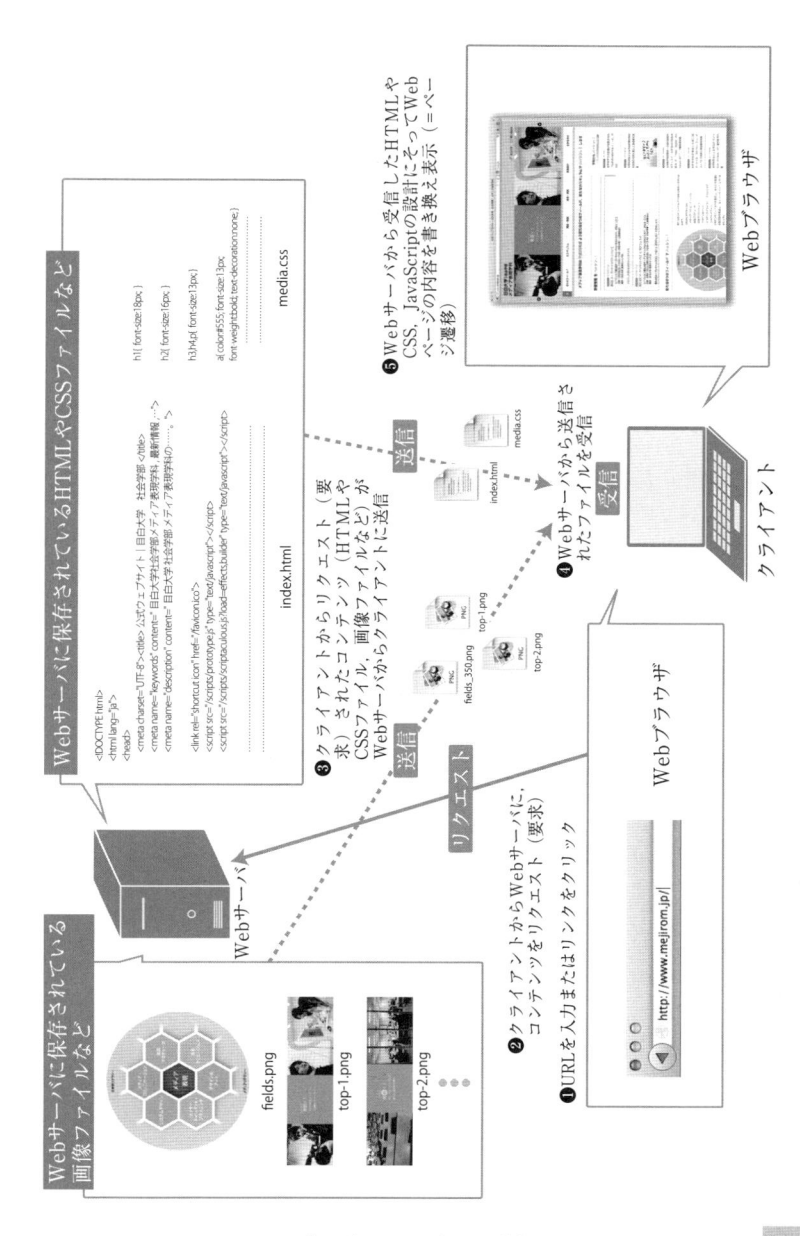

図10−4 Webブラウザで Web ページを表示する仕組み

第10章 Web 表現の仕組み

③　リクエスト（要求）された HTML ファイルや CSS ファイル，画像などの素材ファイルなどが Web サーバからクライアントに送信される

　※クライアントからサーバへのリクエストや応答は HTTP（HyperText Transfer Protocol）の仕様に従いやりとりされる

④　Web サーバから送信されたファイルをクライアントが受信する

⑤　受信した HTML や CSS，JavaScript の記述に従い，Web ブラウザが Web ページの内容を表示する

　HTML や CSS の記述を理解して Web ブラウザが Web ページの内容を表示する際，HTML レンダリングエンジンにより計算処理が行われる。HTML レンダリングエンジンは各ブラウザによって異なり，Safari は WebKit，Google Chrome は Blink，Firefox は Gecko，Internet Explorer は Trident を採用している。これらはＷ３Ｃに準拠しているため，各 HTML レンダリングエンジンによる表示結果に大きな差はないが，現段階においては，たとえば CSS3 の新機能であるグラデーションを表現する際は WebKit 用の記述［-webkit-gradient］と Gekko 用の記述［-moz-linear-gradient］を併記して対応しなければならない。

第5節　Webページにおける素材や色の表示

１．テキストの表示と文字コード

　HTML や CSS の記述を含め，Web ページでテキスト文書を扱う際は，文字コードの設定や整合性を考慮する必要がある。パソコンでテキスト情報を扱う際は，英字や数字，ひらがな，カタカナ，漢字などに対し，１対１の番号を割り振り，データとして処理される。

　文字コードは，英語圏で利用する英数字や記号などを，7 bit（つまり２の7乗 =128文字まで処理可能）で１対１の番号に割り振り定めた ASCII コードが基本とされる。その後，日本語のひらがなやカタカナ，漢字などを，16bit（つまり２の16乗 =65,536文字まで処理可能）で１対１の番号に割り振り定めた JIS コー

ド(ISO-2022-JP)や，JISコードの番号割り振りを見直したシフトJISコード，主にUNIXで発展したEUC(EUC-JP)など複数の文字コードが，それぞれ発展し利用されてきた。近年ではApple社，IBM社，Microsoft社などを中心として，英数字や記号，日本語だけではなく多言語の文字を単一に取り扱い，世界共通で利用できるUnicodeが標準化され，現在，多くのWebページでは，Unicodeの文字符号化方式のひとつであるUTF-8が利用されている。これら文字コードでは，それぞれ特定の文字を表示するために割り振られた番号が異なっており，たとえば目白大学の各文字「目」「白」「大」「学」をそれぞれの文字コードで比較すると表10－1の通りとなる。なお，文字コードの番号は16進数(00～ff)の値で記述される。

　Webページでテキスト文書を表示する際，これら文字コードの整合性や制御に不具合が生じると，Webブラウザで文字化けが発生する原因となる。Webページを作成する際は，文字化けが発生しないよう(1)Webページ作成で使用するソフトウェアの文字コードをUTF-8に設定する，(2)HTML文書内で文字コードとしてUTF-8を使用していることを宣言する，(3)作成したHTML文書をWebブラウザで開く際，Webブラウザの文字エンコーディングでUTF-8が選択されている(ただし，多くのブラウザは文字コードを自動的に判別してくれる)ことを確認し，文字コードの整合性を制御することが重要となる。

表10－1　文字コードの比較

	JIS	Shift_JIS	EUC-JP	UTF-8	UTF-16
目	4C5C	96DA	CCDC	E79BAE	76EE
白	4772	9492	C7F2	E799BD	767D
大	4267	91E5	C2E7	E5A4A7	5927
学	3358	8A77	B3D8	E5ADA6	5B66

第10章　Web表現の仕組み

2．色の指定方法

　Webページで色を設定する際は，光の三原色，赤［r］，緑［g］，青［b］の値を組み合わせて表現する。多くのパソコンでは赤［r］，緑［g］，青［b］をそれぞれ256階調（8 bit）で表現することができるため，ディスプレイに表示できる混合色は赤［r］256階調×緑［g］256階調×青［b］256階調＝16,777,216色となり，フルカラーやトゥルーカラーとよばれる。

　カラーコードで色を設定する際は，赤［r］，緑［g］，青［b］それぞれ256階調を10進数（0～255）の値ではなく，16進数（00～ff）の値で指定することが多い。たとえば，黄色を表現したい場合，赤［r］，緑［g］，青［b］それぞれの値は，10進数で（r, g, b）＝（255, 255, 0）という組み合わせとなり，16進数で表現すると（r, g, b）＝（ff, ff, 00）となる。これをHTMLやCSSでは#ffff00と記述することにより，Webページ上で黄色を表示させることができる。

光の三原色（赤［r］，緑［g］，青［b］）を
16進数で表現している

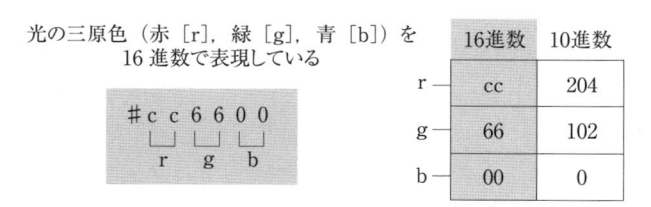

#c c 6 6 0 0
　└┘└┘└┘
　 r　g　b

	16進数	10進数
r	cc	204
g	66	102
b	00	0

図10－5　カラーコードの記述

　また，カラーコードを利用して黒を表現したい場合は#000000［(r, g, b)＝（10進数：0, 0, 0）＝（16進数：00, 00, 00）］，白は#ffffff［(r, g, b)＝（10進数：255, 255, 255）＝（16進数：ff, ff, ff）］，赤は#ff0000［(r, g, b)＝（10進数：255, 0, 0）＝（16進数：ff, 00, 00）］と記述する。また，#800080で紫，#ffc0cbでピンク，#ffa500でオレンジを表現することができる。Webページで目的とする色を表現するためのカラーコードを知るためにはカラーチャート表などを参照することが多く，Web上でカラーコードやカラーチャートをキーワードとして検索すると，さまざまなWebサイトを見つけることができ

る。

3．画像の表示とファイル形式

　Webページで写真やイラスト，ロゴなどを表示させるためには，画像ファイルをJPEG形式（拡張子：.jpg），PNG-8形式，PNG-24形式（いずれも拡張子：.png），GIF形式（拡張子：.gif）のいずれかで保存する。それぞれのファイル形式は，フルカラーをサポートする形式［JPEG形式，PNG-24形式］や256色までサポートする形式［PNG-8形式，GIF形式］，アニメーションを作成できる形式［GIF形式］，透過をサポートする形式［PNG-8形式，GIF形式］など，各ファイル形式により特徴が異なるため，Webページに表示する画像により，最適な画像ファイル形式を選択して保存しなければならない。写真やイラストなど各画像を保存する際の最適なファイル形式の目安を表10－2に示す。

　Adobe Photoshopなどの画像処理ソフトを利用して写真を加工・編集する場合，最終的にはWeb用に保存からフルカラーをサポートするJPEG形式を選択して保存する。Photoshop形式（拡張子：.psd）で保存した画像はWebページでは使用しない。同様に，Illustratorなどのドロー系グラフィックソフトを利用してイラストやロゴを作成する場合においても，最終的にはWeb用に保存からPNG形式またはGIF形式で保存する。Illustrator形式（拡張子：

表10－2　Webページで表示できるファイル形式の比較

	最大色数	透過	写真	イラスト （色数256以下）	イラスト （グラデーションなど多色）
GIF形式…	256色	○	×	○	△
JPEG形式…	1,670万色	×	○	×	×
PNG-8形式…	256色	○	×	○	△
PNG-24形式…	1,670万色	×	△	△	○

.ai）で保存した画像はWebページでは使用しない。さらに，PNG形式で保存する際は，グラデーションなどを用いた色数が多いイラスト画像であれば，フルカラーをサポートするPNG-24形式を選択し（JPEG形式で保存すると，イラストやロゴの輪郭に滲みがでるなど画像が汚くなる場合がある），ベタ塗りを中心とした画像であれば，256色までサポートするPNG-8形式で必要十分と判断できる。

　また，Webページで使用する画像を作成する際は，解像度の設定を確認することが重要となる。解像度ppi（pixel per inch）とは1インチあたりいくつの点（pixel）で画像が構成されているかを表している。パソコンディスプレイの標準解像度は72ppiとされているため，パソコンディスプレイでWebページを表示することを目的として画像を作成する場合は，PhotoshopやIllustratorなどのソフトウェアの設定で，あらかじめ解像度を72ppiに設定する。しかし，近年MacBookPro Retinaディスプレイ（解像度：220ppi）やiPhone5（解像度：326ppi）など，高解像度ディスプレイを使用する端末が増えており，それぞれの端末の解像度に対応した画像表示を考慮する必要がある。

4．動画の再生とファイル形式

　Webページで動画を再生するためには，主にWindows Media形式（拡張子：.wmv）やMPEG-4 AVC/H.264形式（拡張子：.mp4），Flash Video形式（拡張子：.flv）で保存する。iMovieやFinalCutProなどのビデオ編集ソフトのプロジェクトファイルを，そのままWebページで使用することはできない。

　HTML4.01やXHTML1.0では，Webページで動画を<embed>タグなどでWebページに埋め込むことはできるが，実際はWebブラウザにインストールしたQuickTimeやFlash Player, Windows Media Playerなどのプラグインを利用して再生される。

　HTML5ではあらたに動画を再生させるAPIを利用した<video>タグにより，プラグインを使用せず動画を埋め込み再生させることを可能としている。

5．アニメーションの作成

　Webページで表示するアニメーションを作成するためには，これまでAdobe Flashを利用することが主流であった。Flashで作成したファイルは，WebブラウザにインストールしたFlash Playerプラグインを利用して再生される。

　しかし，近年，多くのスマートフォンにおいてFlash Playerを利用することができなくなり，アニメーションを作成する際は，HTML5で作成する方向に推移している。HTML5ではAPIを利用したグラフィックのサポートが強化され，ビットマップ画像の描画からアニメーションの作成が可能となった。また，HTML5アニメーション制作ソフトのAdobe Edge Animateや，FlashのコンテンツをHTML5に変換するツールも開発されており，今後Webページにおけるアニメーション作成はHTML5が中心となることが予想される。

　スマートフォンやタブレットなど，あたらしい端末を介してWebページにアクセスが可能となり，さらにはHTML，CSS，JavaScriptを利用して，簡単にモバイルアプリケーションを開発することが可能となるなど，Webの技術は常に進化している。本章で取り上げた内容は，Web表現のための基礎知識のほんの一部にすぎないが，急速に進化発展するWebの世界に対応するためにも，まずは基礎的な知識をひとつひとつ自分自身で理解していかなければならない。

第11章 ユーザーインタフェースのデザイン手法

遠西　学

第1節　ユーザーインタフェースとは

　インタフェースとは，主に情報技術分野の用語であり，ものごとの境界面でのやり取りの仕組みを定義したものである。コンピュータにおいては，コンピュータに接続される機器同士の接続形態やその間でやり取りされる電気信号の仕組みをハードウェアインタフェース，また，ソフトウェア同士で情報のやり取りの仕組みをソフトウェアインタフェースと呼ぶ。そして，利用者（ユーザー）とコンピュータが接する境界部分をユーザーインタフェースと呼ぶ。

　たとえばパソコンの場合，ユーザーが情報の入出力に使用するマウスやキーボード，ディスプレイといったハードウェアのほかにも，ディスプレイ上に表示された操作画面やメニュー，アイコン，ボタンといった視覚的要素，またその操作手順などもユーザーインタフェースにあたる。これらからわかるように，ユーザーインタフェースは，ユーザーとコンピュータ間の情報のやり取りを受け持つ非常に重要な部分であり，その入出力装置やユーザーの特性，取り扱う情報に応じて適切にデザインされる必要がある。大量の情報を扱う高度情報化社会においては，その重要性は日々高まっていると言えるだろう。

ユーザーインタフェースの範囲

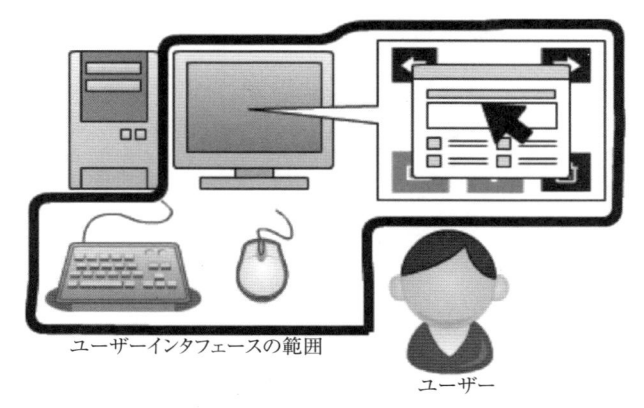

ユーザー

図11−1　ユーザーインタフェースの範囲

第2節　コンピュータとユーザーインタフェースの歴史

　初期のコンピュータは，電子計算機と呼ばれるように大量の計算を電子的に行う計算機として利用され，ケーブルを差し替えて回路を組み替えることによりプログラミングを行う。データの入出力は，パンチカードと呼ばれる厚手の紙に穴を開け，その有無や大きさからデータを記録するメディアが用いられていた。ここでは，直接利用者がハードウェアにアクセスするため，ユーザーインタフェースは存在しない。その後，真空管を利用したコンピュータが利用されるようになると，ユーザーインタフェースとしてテレタイプライター（図11−2）やマシン語によるプログラミングを利用するようになる。

　回路にトランジスタが利用されるようになると，コンピュータの信頼性が向上し，研究用の情報処理装置としての役割を果たすようになる。この頃，主なユーザーはコンピュータを扱う専門の技術者であり，ユーザーインタフェースとしてコマンド言語が利用され，バッチによりユーザーが定めた処理を順次実行させることで，多くのユーザー間でコンピュータが共有されるようになった。

　さらに半導体集積回路が開発されると，コンピュータの価格が下がり，銀行

図11－2　テレタイプライター
（出所）　Wikipedia（http://ja.wikipedia.org/wiki/テレタイプ端末）2013年10月15日閲覧

業務など数字を取り扱うビジネス向けにもコンピュータが利用されるようになる。ユーザーインタフェースには，表示装置としてビデオ表示端末（図11－3）が利用されるようになり，対話式のCLI（Command Line Interpreter）や選択式のメニュー，入力フォームが利用されるようになった。この時，初めてコンピュータは，専門のコンピュータ技術者でなく，一般の専門職のユーザーに利用されることとなった。

その後，半導体集積回路の集積度と性能が向上しマイクロプロセッサが開発されると，コンピュータはパーソナルコンピュータ（パソコン）として一般のビジネスで利用され，一気に個人にも浸透し始める。個人がパーソナルコンピュータを購入するようになると，ユーザーインタフェースは，GUI（Graphical User Interface）の時代に入る。GUIでは，コンピュータの画面上でウインドウ，アイコン，メニューといったインタフェースがグラフィカルに表現され，マウスなどのポインティングデバイスでカーソルを操作，選択することによりコンピュータへ指示を伝達する。さらにコンピュータの普及が進むとコンピュータを個人で家電として複数所有するようになった。さらには，インターネットの

図11－3　ビデオ表示端末（Televideo 社 Model925）
（出所）　Wikipedia（http://ja.wikipedia.org/wiki/ 端末）2013年10月25日閲覧

爆発的な普及からコンピュータがネットワークに接続されることが当たり前になった。また，WWW（World Wide Web：近年では単純に Web と略される）は，文字情報を扱うだけの比較的単純なものであったが，その機能は徐々に拡張され，画像，音声，動画を扱うことのできる世界的なメディアへと進化した。また，当初 Web は静的なメディアであったが，JavaScript や Flash が Web ブラウザに実装されることにより，動的な表現が可能となった。また，それらの機能を利用して，Web ブラウザー上で高度なインタフェースを開発し，アプリケーションとして動作させる RIA（Rich Internet Application）も普及した。

　近年では，ユビキタス（Ubiquitous）という言葉が，目指すべき人間とコンピュータの関係を示すキーワードとして広まった。ユビキタスの語源はラテン語で，もともと「いたる所に存在する」という意味であるが，ここでは「いつでも，どこでも，だれでも，なんでも」という意味で使用される。つまり，ユビキタスコンピューティングとは，「コンピュータや各種デバイスが人に意識

されずに，社会や生活の中で自然に利用される」というコンセプトであり，ユビキタス社会とは，「人やコンピュータやデバイス，さらには家電などあらゆる物が，ネットワークでつながり，物と物，人と物，人と人が相互につながる社会」を意味する。また，スマートフォン，タブレット端末の普及によってユーザーインタフェースも大きく変化しつつある。これらのモバイル端末に入力インタフェースとして搭載されているタッチパネルは，画面上の操作したい箇所を直接触ることにより，マウスなどのポインティングデバイスを利用するよりもより直感的な操作を実現することができる。また，従来では不可能であった複数点の検出を可能とする投影型静電容量方式タッチパネルが普及し，複数本の指を利用した複雑な操作も可能となっている。また，加速度センサー，ジャイロセンサー，地磁気センサーといった複数のセンサー，高感度カメラなどさまざまな入力デバイスが搭載され，さまざまな手法でのユーザーインタフェースの実装が可能である。たとえば，ユーザーがデバイス自体を傾けることで，加速度センサーによりその傾き具合を検出し画面上のボールを転がすといったものから，複数のセンサーとGPS，カメラを利用して，現実の風景に電子情報を投影する拡張現実感を実装するアプリケーションもある。

表11－1　コンピュータとユーザーインタフェースの進化

年代	コンピュータの形態	主なユーザー	ユーザーインタフェース
-1945	機械	発明者	なし
1945-1955	真空管による電子計算機	専門家	プログラミング
1955-1965	トランジスタによるコンピュータ	コンピュータ技術者	コマンド操作
1965-1980	集積回路(LSI)によるコンピュータ	コンピュータを業務に利用する専門家	メニュー操作
1980-1995	パーソナルコンピュータ	ビジネスマン・趣味	GUI
1995-2005	個人がコンピュータを複数所有	個人	動的なGUI
2005-	ユビキタスコンピューティング	誰でも	各種センサー

第3節　インタフェースのデザインの基本

　前節で述べたとおり，ハードウェア技術とともにユーザーインタフェースも進歩を遂げてきたが，膨大な情報を取り扱うようになった現代のコンピュータにおいては，ユーザーインタフェースデザインのもつ重要性は，ますます高くなっている。優れたユーザーインタフェースを作成するためには，開発者のプログラミングの技術の他にも，正しくユーザーインタフェースを表現する技術を習得しなければならない。

　重要となるのが，ユーザー（利用者）が自然に反応するようなインタフェースのデザインである。また，ユーザーからの操作に対してシステムが適切に反応するように設計し，利用目的に合致した画面遷移やGUIの要素であるウインドウ，メニュー，アイコン，ボタンなどが，ユーザーから見て自然な振る舞いをするようにデザインする必要がある。そのためには，人間の行動原理を理解しなければ，ただユーザーを混乱させるだけであり，意図した操作性を提供することはできない。

　では，どのようにインタフェースのデザインをする必要があるのだろうか。そのヒントは現実世界にある。たとえば，日常生活で扉をあける時，ドアについている取っ手を引けば開くと思っていた扉が，押さなければ開かなかったことはないだろうか。この時，違和感や不快感を覚えたはずである。人間は，経験から取っ手が「引く」という動作により機能することを知っているので，「押す」という反対の動作により機能したことに違和感を覚えるのである。こうした環境や物体から受ける操作の手がかりは，アフォーダンス（affordance）という概念と大きく関係している。たとえば，現実の世界のテレビのリモコンを想像してほしい（図11-4）。そこに配置される押しボタンを見ると大抵の人は押すという行為を連想するだろう。この時，このボタンは，「人が見ると大抵押すという行為をする」という知覚可能なアフォーダンスをもっているということができる。アフォーダンスとは，アメリカの知覚心理学者ギブソン

図11－4　リモコンのボタン

(Gibson, J.) の造語であり，アメリカの認知科学者ノーマン (Norman, D.) は，デザインの認知心理学的研究の中でこのアイデアを発展させて「認知可能なアフォーダンス」という概念を提唱した。インタフェースデザインの分野では，アフォーダンスとは人が知覚できる行為の可能性という意味で使われる場合が多い。単純に言えば，それを見たときに人が取り得る行動と言えるだろう。図11－5の写真を見ると，引き手をつかみ手前に引くという動作が自然に思い浮かぶだろう。この時，アフォーダンスとデザインがマッチしていると言える。

次に，図11－6の写真のドアレバーを見てみると，レバーを押し下げる操作までは自然に思いつくが，引いたらいいか押したらいいかは迷うだろう。これは，ドアノブのもつアフォーダンスが間違っている例で，押す・引くなどの情報が扉に補足されている場合が多い。

コンピュータでも同様で，図11－7を見てもわかるように，陰影を利用して立体感を出し，現実のボタンと同じように見せることで，ユーザーに押せば動作することを伝えている。また，ボタンが押された時には，ボタンがへこむアニメーションや色を変化させて見せることで，ユーザーの操作が正しく伝わっていることをユーザーに示して違和感を与えないように工夫されている。つまり，人は無意識のうちに経験に基づき，その形状からその物体の使用方法を推測している。優れた使いやすいインタフェースを設計するには，ユーザーが意

図11−5　アフォーダンスとデザインがマッチしている引き手

図11−6　アフォーダンスとデザインがマッチしないドアレバー

第11章　ユーザーインタフェースのデザイン手法

図した物を見つけて行動しやすいように，その立ち振る舞いとゴールを把握しなければならない。

> こちらをクリック

図11－7　陰影がつけられているボタンの例

第4節　ユーザーインタフェースの「使いやすさ」と設計のプロセス

　ユーザーの使いやすさを表す言葉として，ユーザビリティ（usability）がある。ユーザビリティとは，使う（use）とできる（able）からなる造語である。国際標準化機構（ISO：International Organization for Standardization）では，ISO9241-11（1998年）において，ユーザビリティとは，特定の状況下（context of use）での，有効さ（effectiveness），効率（efficiency），満足度（satisfaction）の度合いであると定義されている。

　単純に，ユーザビリティの高いインタフェースの設計方法を考えると以下のようなプロセスとなる。まず，システムのユーザーの利用状況・使い方をあらかじめ定義する。次に，ユーザーが「使いやすい」と感じるインタフェースのデザインを考え設計を行う。次に，ユーザビリティが実現できるかをテストする。もし，テストで問題があったら，修正するプロセスとなるだろう。このプロセスは，一見すると正しく思えるが，問題が発生した場合，デザインの再考から設計をやり直す必要があり，非常に場当たり的な作業となり効率が悪い。また，現実ではユーザーの利用状況・使い方を定義するのは実際に使用するユーザーではなくシステム管理者や発注の担当者であり，ユーザーが「使いやすい」と考えるインタフェースを設計するのは開発者となることが多い。そうなると，実際に使用するユーザーの求めるユーザビリティとは，大きくかけ離

れた設計がなされてしまう。

　では，ユーザビリティの高いインタフェースをデザインするにはどうすれば良いだろうか。近年では，あらかじめ人間中心設計（HCD：human-centered design）という考え方に基づいた設計を行い，より効率的にユーザビリティを高めることが現代では求められるようになっている。人間中心設計とは，ユーザーの使いやすさの思想を設計段階から明確にして，構想，分析，設計，実装，試験，保守のすべての段階で組み込む設計手法であり，簡単に言えば，構想の段階から使う人間の立場や視点に立って設計を行うことである。国際標準化機構では，ISO13407（1999年）においてインタラクティブシステムにおける人間中心設計が定められ，2010年には，ISO9241-210へと改訂され，人間中心設計プロセスとして，以下のように定義している。まず，人間中心設計の計画を行う。次に，利用状況の理解と明示，ユーザーの要求事項の明示，設計による解決策の作成を順に行う。最後に，要求事項に対する設計の評価を行い，結果によっては，プロセスを適切に反復し，ユーザーの要求事項を満たすまで繰り返す（図11－8）。

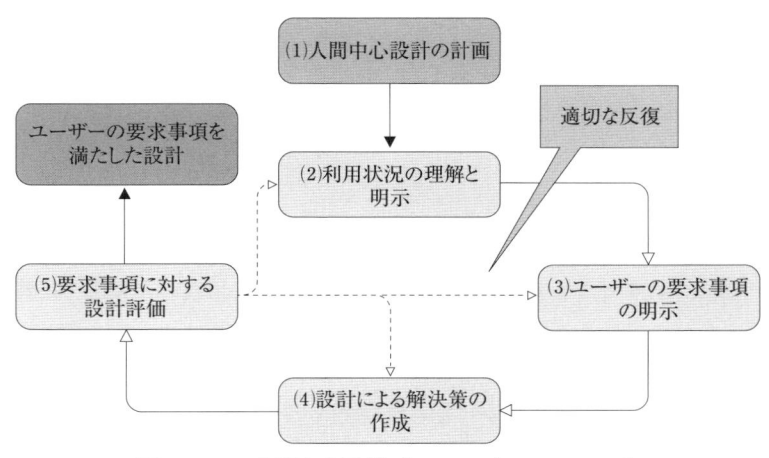

図11－8　人間中心設計プロセス（ISO9241-210）

第5節　UXとインタフェースデザイン

　さらに，ISO9241-210では，ユーザビリティに関して，ユーザーエクスペリエンス（UX：user experience）と呼ばれる概念を定義し，設計のすべての段階に適応することを求めている。

　UXとは，「製品・システム・サービスに対する対話操作のすべて，および／または，使用を予想した時の，人の知覚と反応」と定義され，注釈として以下の3点が併記されている。

1．UXは，使用前，使用中，使用後に発生する，ユーザーの感情，信頼，嗜好，洞察，身体的および心理的な反応，態度，達成感のすべてを含む。
2．UXは，ブランドイメージ，見た目，機能，システム・パフォーマンス，双方向システムにおける双方向な振る舞いおよび支援機能，体験前に生じたユーザーの内的および身体的状態，態度，能力と個性，利用のコンテクスト（脈絡），の結果である。
3．ユーザーの個人的目標の視点から解釈した場合，ユーザビリティは，UXに伴うことが典型的であり，知覚的および感情的な側面を含むことができる。ユーザビリティの基準で，UXの側面を評価することができる。

　つまり，現代のインタフェースデザインでは，見栄え，操作のわかりやすさ，使い勝手などのユーザビリティは，UXの一部であり，ユーザーがインタフェースと対話するなかで受ける使用前，使用中，使用後の身体的・心理的影響や反応などの感性も考慮したデザイン，つまりユーザーの体験をデザインする必要がある。

　では，UXを考慮したインタフェースデザインとはどのようなものだろうか。たとえば，Web検索サイトのGoogleで，知りたい情報を検索するシーンを想像してほしい。Web検索サイトでは，一番目立つ場所に検索ボックスがあり，

迷うことなくキーワードの入力をすることができる。そして，調べたいキーワードをすべて入力しなくても候補が表示され，さらには，入力されたキーワードに関連する，または，キーワードとして設定されることの多いキーワードの候補が表示されるだろう。そして，キーワードをタイプミスしても，自動で正しいキーワードを提案する。ユーザーの目的である「知りたい情報を検索し，見つける」という目的を達成できるようにインタフェースが先回りをして，必要な機能や情報を表示することにより，ユーザーが抱く不安やイライラなどの心理的な影響や，操作回数を減らすことでの身体的な負担を軽減し，ユーザーに対して心地よい体験を提供している。

　情報技術が進歩した現代においては，コンピュータのインタフェース上でさまざまな表現が可能になり，人とコンピュータとの関わり合いの質やその時間は，大きく変化している。その反面，長い間，コンピュータがもつ生産性を優先し，人がコンピュータにあわせる時代が長く続いてきた。しかし，現在は，目的の中心に人の要求を据えた UX デザインのインタフェースが注目を浴び主流となりつつある。今後は，人の体験をデザインする技術がメディア表現の世界でも重要になるだろう。

第12章

スマートフォンを支える技術

桑折　範彦

第1節　タッチパネルの技術

　最近のメディア表現において，スマートフォンの発展とそれを通じたコミュニケーションの変化は大きなものになっている。これらの大きな変化は，スマートフォンがこれまでのケータイと異なる技術的な発展をしたことに依っている[1]。

　まず，iPhoneのタッチパネルが多くの機能をもっていて，とくに，複数の指を利用できるようにして，利用しやすさを高めている。タッチパネルの方式には薄膜容量方式と静電容量方式の2種類あるが，iPhoneに使われているのは，静電容量方式である。タップ，ドラッグ，フリック，ピンチイン／ピンチアウトなどのマルチタッチ対応の使い心地が画期的である。

　2つの方式の大きな違いは次のようなものである。① 薄膜方式：抵抗分割により上下，左右の位置を決める。透明導電膜は2枚で，手袋をしたまま操作可能で，操作したことが分かりやすい。② 静電容量方式：透明導電膜は1枚で，静電気を利用するので手袋をしたままでは操作できないが，操作がスムーズである。

　静電容量方式についてより詳しくみてみる。静電容量方式はインジウム錫酸化物の導電膜をガラスパネルの下に貼り付け，パネルの上下左右に電流の変化を検出する抵抗を配置して，四方から電流を流し帯電状態を作り出しておく。人がガラスに触れると，一瞬，指が触れたパネルの部位の電圧が他の場所より

高くなって，ガラスパネル下部の導電膜と指に電流が流れる。この瞬間の電流をガラスパネルの四方に配置された抵抗で測定する。指が触れた場所により，四隅の電極までの抵抗が異なり，流れる電流を測ると抵抗の比（距離の比）が求められる。簡単に1次元で示すと，図12-1のようになる。タッチ位置から電極までの抵抗を流れる電流をi1とi2とすれば，位置が決まる。

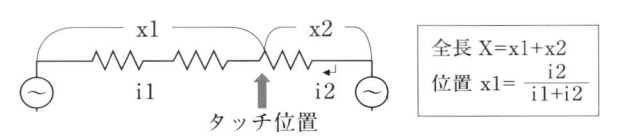

全長 X=x1+x2
位置 $x1 = \dfrac{i2}{i1+i2}$

図12-1　タッチ位置の決定原理

マルチタッチの場合は，スクリーンが1枚では，2本指を正しく認識できない（最初にタッチした指にしか反応しない）または，2本指の真ん中の位置にタッチしたと反応することがある，などの問題が生ずる。そこで図12-2のようにスクリーンを小さなブロックに分けて，碁盤の目のようにして，ブロック間には電流は流れないようにすれば，2カ所にタッチしてもそのブロックのみが反応するようになる[2]。

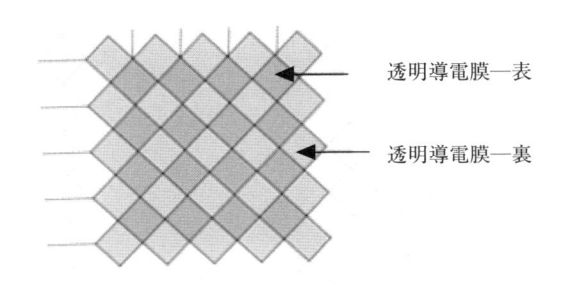

図12-2　マルチタッチのスクリーン構造[2]

現在のスマートフォンで一般的な静電容量方式タッチセンサーは，配線数が

多く，かつ正確な位置測定のために多くの演算が必要となる。そのためこれらは，専用のタッチセンサーコントローラーを使用している。しかし，タッチするのが1本の指だけならともかく，マルチタッチに対応するには，それだけ計算量が増大して応答の悪化（あるいはコントローラーの価格増大）につながる。それを専用の高速タッチセンサーコントローラーの機能「NVIDIA Direct Touch」で解決しているという。これにより先に示したさまざまなマルチタッチの動作ができるようになっている。

第2節　GPSの技術

スマートフォンでGPSが容易に利用できるようになったのはiPhoneからである。iPhoneの位置は，GPS（Global Positioning System）の機能を用いて決められる。地球の周回軌道上にある人工衛星から発信される電波をiPhoneが受けて数cm〜数十mの精度で緯度，経度，高度が求められる。GPSは初め軍事用に開発されたため，民生用の位置の精度は36m程度に制限されていたが，現在は紛争地域を除いて数mの精度になっている。

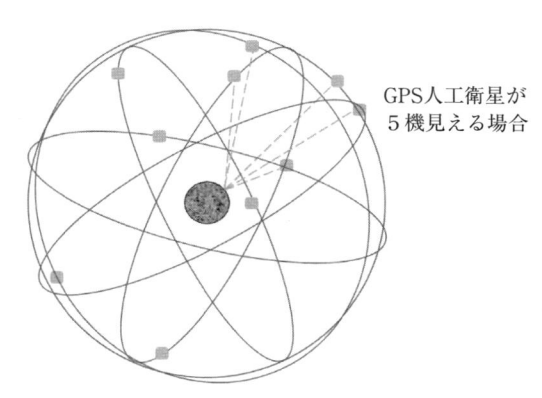

図12−3　GPS用の人工衛星の軌道

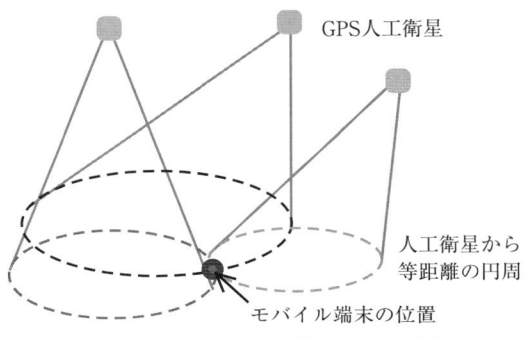

図12−4　3機の GPS 人工衛星による位置の同定

　GPS システムは約30機の人工衛星で構成され[3]，それらは地球上約2万kmの高度を1周約12時間で周回している。そのため GPS 端末は地球上のどの地点でも4つ以上の衛星からの電波をとらえることができ，GPS 端末の位置（緯度，経度），高さ，時刻が分かる。衛星と GPS 端末の時計が完全に一致していると，衛星からの電波が受信されるまでの時間が正確に分かり，距離が分かる。4つの衛星からの距離の球面が交わる点が GPS 端末の位置となる。上の図12−4では，3機の人工衛星の電波がとらえられた場合を示している[4]。この基本的な測位法をさらに改良するために，カーナビでは車速センサー，ジャイロ，FM 電波による GPS 誤差補正用データなどを用いている。またモバイル端末では IP アドレスを利用してプロバイダの所在地のデータベースで補正する方法などもある。WiFi の電波を利用した位置情報の取得も可能である。
　Web を検索すると，次のような位置情報取得の具体例も示されている[5]。
　・IP アドレスを利用した位置情報の取得
　・WiFi の電波を利用した位置情報の取得
　・Google Maps との連携
　・JSONP を利用したマッシュアップ（アプリの組合せ）
　モバイル端末単独で位置情報を取得して表示したりする以外に，地図情報，それに付帯した商店，料理店などの位置，情報と関連付けられ，同時に商店の

第12章　スマートフォンを支える技術

電話，ホームページとリンクして，さまざまなサービスが可能となっている．デジタルカメラの写真の撮影情報にも位置情報が記録されている．それにより撮影された写真を地図上に表示することもできる．

スマートフォンに主として用いられている A-GPS（Assisted Global Positioning System）は GPS の補強版である．A-GPS は「衛星の周回データの受信」を衛星からでなく，近くの携帯電話基地局から受け取る方式である．基地局の位置は変わらず，衛星がどの時間帯に上空のどこにあるかも予めわかっているので，必要なデータが作成できる．地上での通信は速くスムーズであり，受け取ったデータと衛星からの時刻信号を用いて現在位置を素早く得られるようになっている．実際には最近の iPhone は A-GPS と GPS の両方に対応しているので，互いの弱点を補完することができる．

SoftBank 端末での GPS データの取得方法が Web を検索すると紹介されている[6]．

簡易位置情報（3 GC 型の場合）の取得の方法は次のようにする．

iPhone のアプリに記述される HTML のスクリプトにおいて，href の中に location スキームを使用する．location：後は（cell：簡易位置情報，gps：S！GPS ナビ，auto：端末で優先された測位）のいずれかを指定する．

<a href="location：auto?url=[GPS を処理するスクリプトの url]">

以下に，戻り値の説明を示す（戻り値は GET で返す）．

    pos ：N**.**.**E***.**.** 座標値（1/100 秒単位で度分秒表記，N は北緯，S は南緯，E は東経，W は西経）

    geo ：wgs84 測地系（wgs84 tokyo itrf）

    x-acr：精度（1：簡易位置情報（300m 以上） 2：S！GPS ナビ（50〜300 m） 3：S！GPS ナビ（50m 以内））

SoftBank 端末以外の場合も紹介されているが，ここでは省略する．

第3節　加速度センサー・ジャイロセンサーなど

　初代のiPhoneで加速度計を搭載して以来，x，y，zという3つの軸（左右，上下そして前後）の内の1つに沿った加速度を検出し，デバイスの加速度，振動，衝撃，落下を検出できるようにした。さらに，これらの加速度計によって水平・垂直モードの切り替えスイッチ，ゲームのための傾きコントロール，そして操作の取り消しや曲のシャッフルといったシェーク機能を実現している。
　iPhone 3GSではデジタルコンパスを追加し，地軸に対する磁気方向を検出，またiPhone 4のジャイロスコープでは，さらにX，Y，Zの3軸での回転の角加速度を検出する新しい電子センサーを加えて，勾配，偏揺れ，横揺れの正確な計算ができるようになった。

1．加速度センサー

　重力の方向を基準としてx（横），y（縦），z（高さ）の3つの軸の1つの

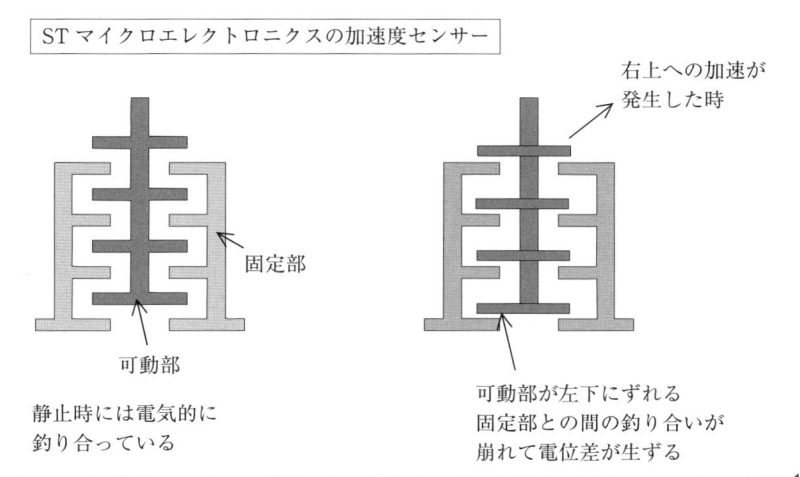

STマイクロエレクトロニクスの加速度センサー

固定部
可動部
静止時には電気的に
釣り合っている

右上への加速が
発生した時

可動部が左下にずれる
固定部との間の釣り合いが
崩れて電位差が生ずる

図12－5　加速度センサーの構造（左：静止時，右：加速度が右上方にかかった時）[1）]

軸に沿って加速度を検出できるセンサーで，iPhoneの下方向を常にモニターしている。これによってiPhoneを縦から横にしたときに画面表示を横に切り替える，シャッフルすると音楽の先頭から始める，などにも使われている。ボールを転がすゲームなどのときに傾き，方向などを検知してゲームを効果的に進めることができる。赤外線通信ができないiPhoneでも，2台のiPhoneをコンと接触すると可能な連絡先の交換なども，加速度センサーの機能を用いたものである。

　加速度センサーによりx軸y軸z軸の各軸の方向の加速度を求める，基本的なプログラム例も示されている[7]。

2．3軸ジャイロセンサー

　3軸とはX（横）軸，Y（縦）軸，Z（高さ）軸のことで，3軸ジャイロはこの3軸での回転の角加速度を検出するための電子センサーである。この3軸

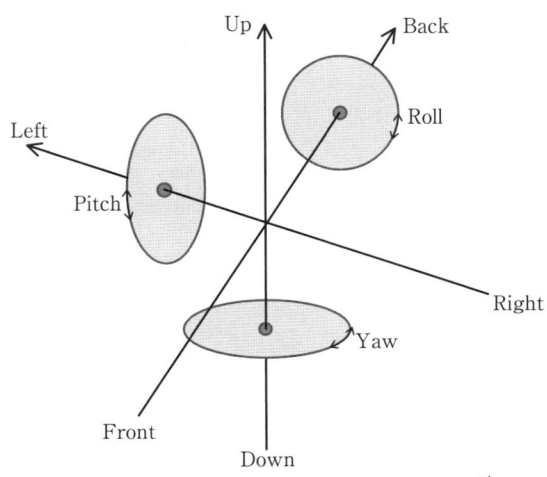

図12－6　ジャイロスコープの軸と回転方向[8]

のジャイロセンサーによって勾配，偏揺れ，横揺れの正確な計算ができる。

3．その他のセンサー

その他のセンサーとして近接センサー（耳が iPhone の側にあることを検知），環境光センサー（周囲の明るさを感知）なども搭載されている。

Apple はこうしたセンサーの情報を，新しい CoreMotion API を通してプログラムの開発者らが利用できるようにして，アプリにジャイロスコープのサポートを追加できるようにしている。

第4節　Siri の技術

日本語を理解して，文字や音声で応答する「Siri」の技術は，Apple の iPhone で実現されているが，Android 系でも類似の技術が開発されている。

「Siri」は Siri という名の会社が開発したプログラムで，ノルウェーの女性の名前とのことである。

Siri はどのように言葉を理解しているのだろうか。仕組みを考えてみよう[9,10]。

Siri にできることは，
　a）音声による文字の入力（声でメールを書く，メモを書く）
　b）音声で操作を実行（Aさんに電話する）
　c）音声で検索する（東京の天気を表示する，今日の予定を表示する）
などである。

次にあげる iOS の標準機能のアプリはこの機能を利用できる。電話，FaceTime，ミュージック，メール，メッセージ，カレンダー，リマインダー，メモ，連絡先，天気，株価，時計，Safari によるウェブ検索，Wikipedia 検索，友達の検索などが対応している。

しかし，サードパーティのアプリは，Siri が個人情報を利用する場合があるので，Siri を使えるようになっていない。

Siri の応答の仕組み：話しかけられた音声を iOS が理解できる形に変換する

にはiPhoneは能力が足りない。音声の意味を理解するには，音声を解析して，データベースに合うものがないか検索することが必要である。そのSiriに必要なデータベースは非常に大きなものになるので，Siriでは録音した音声データをiPhoneからAppleのデータセンターに送信してそこで解析するようにしている。そのためSiriを利用する時には，3G回線あるいはWiFi回線に接続していることが必要である。

　解析したデータからiPhoneに行わせる命令，応答の内容を探す。これらはiPhoneに送信され，iPhoneが受け取って実行される。実行には，Siriに命令した時の位置情報，連絡先の氏名，ニックネーム，同期されている楽曲名などの個人的情報も必要に応じてデータセンターに送られるので，サードパーティアプリへの対応が難しいことになる。Siriによって取得されたデータは他のAppleIDなどで得られる情報とはリンクせず，Siri自身，Apple製品の向上にのみ用いられる。位置情報はユーザーが送信を制限できるが，その場合，位置情報を用いたリマインダー，予定，マップ（地図）については利用できなくなる。また，Siriを利用するかしないかについても「設定」からオンオフすることができる。

　Siriの機能は，統計学的な言語処理，大量データの共有を可能とするクラウドなどの環境が大きく前進した結果でもある。AI（人工知能）を目指す技術でもある。命令の仕方は，基本となる文例があるのでそれを変形して話をすると良い。ホームボタンを長押しして，「ご用件は何でしょう」の右にインフォメーションマーク（ⅰ）があるのでこれを押すと，命令の文例が表示される（図12-7）。また，キーボードにマイクのアイコン（🎤）が付け加わったのでキーボード入力時に，音声入力機能が自由に使える。たとえば，かなりの長文を話しても，修正なしでメモ，メールなどに再現できる。

　「〇〇時に起こして」というと，アラームがセットされるなど，時間に関係する機能は便利である。Siriは人工知能を搭載しているので，学習機能もあるようだ。また，利用している人の人間関係も覚える。Siriに「〇〇は私の××

図12−7　Siriの命令文の例（iPhoneの表示）

です」と話すと，家族，同僚など登録でき，名前を言わなくても「家族にメール」と話せば登録済みの家族にメールを作ることができる。

　また，メモに音声で話して文に変換することができるので，かなり便利である。「。」は「まる」，「、」は「てん」，改行は「かいぎょう」と話せばよい（図12−8）。

　Siriではメッセージや電話，またリマインダーなどに命令できる。項目をタップすると，命令の文例が表示されるので，試してみるとよい。いろいろ試してみると，発見があると思われる。

第12章　スマートフォンを支える技術

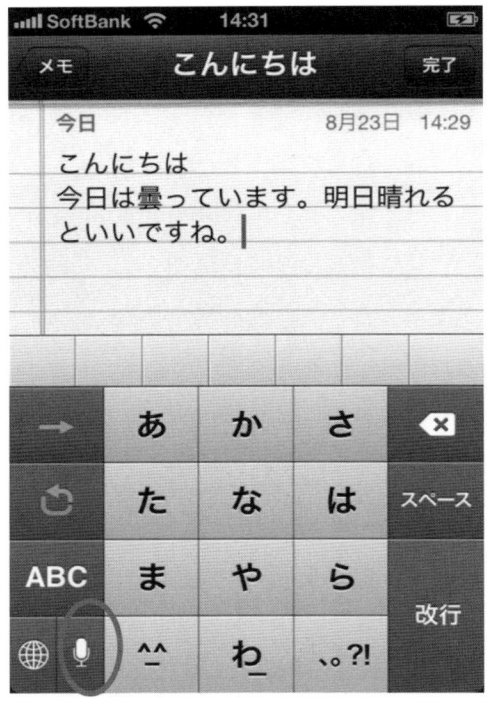

図12-8　Siriでメモを作成する場合の例（iPhoneの表示）

> **ちょっと面白い**
>
> 　Siriの音声応答の声は，誰だろうか。日本語はKyokoさんとのこと。ちなみに英語版Siriの声はSamanthaさん。
> 　このことはMacで確認できる。Macの〔環境設定〕〔日付と時刻〕〔時計〕〔時刻をアナウンス〕〔声の種類を変更〕〔声の種類：システムの声を使用〕〔カスタマイズ…〕日本語（日本）を見るとKyokoとある。同様に英語─女性には何人かあるが，SamanthaさんがシステムのP音声になっている[11]。

第5節　その他の技術

　iPhoneだけではないが，携帯電話，スマートフォンはデジタル方式の電話である。一般に音声をそのままアナログの電気信号として送るのは従来からの電話である。

　現在のiPhoneやその他の携帯電話は，音声もサンプリングによりデジタル情報に変換されて，送受信される。音声だけでなく，画像データ，文字データなど，皆デジタル化されたデータであり，音声データと同様に高速で処理される。音声→携帯電話でデジタル情報に変換→中継局に無線で送る→接続する携帯電話への転送→デジタル情報→携帯電話で音声に変換（聞こえる）の過程で通信する。音声は1Hz～20kHz程度の空気の振動である。1分間の音声は転送に1分間かかる。これをたとえば40kHzでサンプリングすると1秒間に4万点x16bit（1分間では，240万点x16bit）のデジタル情報となる。これを中継局に送るとき，LTEネットワークを利用すると，たとえば3.9Gの通信規格では，理論上の最大受信速度は326Mbps，送信速度は86Mbpsとなるが，簡単に100Mbpsとすると，1分間の音声データは38,400,000bit/100,000,000＝38.4/100＝0.384秒で転送できる。つまり，60秒−0.4秒が他の作業に使える余裕になる。これがデジタルになった効果である。この間に通信された情報はパケット化されているので送信元，受信者，音声データの順序化などの処理がされて音声の伝達が成り立つ。

　ここまで説明してきたいろいろな技術的な発展に基づいて，スマートフォンで新しい利用方法が実現された。スマートフォンは今後とも技術的な基盤とその応用方法が統合された端末機器として進化をとげると期待できる。

【注】
1）　柏尾南壮『iPhoneのすごい中身』日本実業出版社，2010年
2）　http://ednjapan.com/edn/articles/1206/20/news087_2.html

「いまさら聞けないデジタル技術の仕組みを解説」
http://www.itmedia.co.jp/pcuser/articles/1009/27/news004.html
ITmedia 流液晶ディスプレイ講座Ⅱ第8回
3) GPS の仕組み http://www.furuno.co.jp/technology/about/gps1.html
4) http://lss.mes.titech.ac.jp/~matunaga/TEXT-ElemnetofGPS.pdf
5) http://www.atmarkit.co.jp/ait/articles/0906/19/news112.html
「ブラウザで位置情報を取得してみよう」
6) http://www.phppro.jp/phptips/archives/vol40/
7) カワサキタカシ『iPhone アプリ開発塾』技術評論社, 2012年
8) http://d.hatena.ne.jp/silvervine/20100623/1277293344
「ジャイロスコープとは何か？」
9) http://wwww.appbank.net/2012/03/11/phone-news/382221.php
10) http://trendy.nikkeibp.co.jp/article/column/20120314/1040052/
11) http://fum-s-style.com/iphone-japanese-siri-name-kyoko.html_

第5部　メディア表現の課題と展望

第13章 マスメディアにおけるジェンダー表現

島田　治子

第1節　ジェンダーとは何か

　日本の最高法規である日本国憲法でも教育基本法でも性別によって差別されない，つまり「男女平等」がうたわれている。しかし21世紀の現在でも日本社会は男女平等になっていない。大きな要因の1つがジェンダーであり，その拡大再生産にマスメディアが手を貸している。どのような表現がジェンダーであり，どのような問題があるのかを知ることはマスメディアからの情報を読み解くときにも，また自分が情報発信をするときにも欠かせない。そこで，まずジェンダーについて理解し，その後，具体的なジェンダー表現を学ぶことにしよう。

1．ジェンダー（gender）

　ジェンダーとは「社会的，文化的に作られた性別意識（性差）」のことである。あの人は「女らしい」「男らしい」という言い方をするが，そのような（女性，男性という）性に対する意識のことを指す。穏やか，従順，おとなしい，繊細，気配り，純真，はにかみ，というキーワードに対して人は「女らしい」と思い，決断力，たくましい，不屈，野心的，リーダーシップ，独立心，積極的，というキーワードに対しては「男らしさ」を思い浮かべる。

　しかし現実の女性や男性を考えたとき，それぞれが女らしさの特徴と男らしさの特徴を合わせ持っているはずだ。では「らしさ」とは何かというと「規

範」としての役割を果たしていると考えられる。「女性なら気配りができて従順であるべきだ」という規範が社会の中に強ければ強いほど，女性は規範通りに振る舞おうとする。まさにシモーヌ・ド・ボーヴォワールが『第二の性』の中で喝破したように「人は女に生まれるのではない。女になるのだ」。

2．セックス（sex）

　ではジェンダーに対してセックス（生物学的性別）はどうであろうか。第2波フェミニズムの流れが起こった1960年代，1970年代頃は，生物学的性別は男性と女性の2種類であり，たとえば両方の外性器をもつ赤ちゃんは"奇形"ととらえられていた。性染色体についても「XY なら男性，XX なら女性」と学校で教えるが，それ以外にも XYY，XXY，XO，XXX など，いくつもの組み合わせがある。

　また，染色体の一部に性分化と関係する SRY 遺伝子があるが，性染色体が XY であって女性の SRY 遺伝子をもつ人や，XX であって男性の SRY 遺伝子をもつ人の存在もわかってきている。さまざまな性の未分化を総称してインターセックス，あるいは性分化・発達障害（DSD）と呼ぶ。

　さらにジェンダー・アイデンティティ（性自認，性的自己同一性）やセクシュアリティ（性的指向，性現象）という側面もある。ほとんどの人は自分を女性であるとか，男性であるという認識をもっており，その性自認と生物学的性別は一致している。しかし，そこが不一致（性同一性障害という）であったり，性自認が曖昧であったり，性自認が変わるケースさえあることがわかってきている。性的指向も自分の性自認と異なる性別の人間を性愛の対象とする「異性愛」（ヘテロセクシュアル）が多いとされるが，「同性愛」（ホモセクシュアル）「両性愛」（バイセクシュアル）の人もいる。

　以上みたように，生物学的性別ですら明確に2分割できて一定なものではないことがわかる。現状では多数派以外の生物学的性別を「障害」と区分することが多いが，これも性別を男性から女性までの間に無限のグラデーション性別があるものだと考えれば，障害でも何でもなく，多様な性別の1つだという考

え方になるのではないだろうか。

第2節　ジェンダーが引き起こす問題

　女性，男性という二項対立の考え方は「らしさ」という点でも「生物学的」な面でも，適当でないことがわかったのではないだろうか。とくに社会的，文化的に作られた思い込みであるジェンダーは偏見（ジェンダー・バイアス）を生み，さまざまな問題を作り出す。場面ごとに典型的な例をいくつか取り上げてみる。

1．家庭
　「男は仕事，女は家事，育児，介護」という性別役割分業のジェンダーが強いと，女性はフルタイムの仕事をもっていても家事，育児をこなす"両立"が求められ，男性は仕事に全精力を傾けることが期待される。もし各人の適性としてこの分業が相応しいカップルであったとしても，分業は問題がある。人間は経済面においても家庭面においても自立すべきであり，分業はお互いにもたれかかる構造となるため，けが，病気，失業などで片方が役割を果たせなくなると，たちまち成り立たなくなるからである。育児は，もちろん両性が対等にかかわるものであろう。

　ジェンダーは配偶者の呼称にも表れる。妻と夫という言い方は対等だが，主人，旦那，女房，家内というような呼称は，男性が上で中心，女性は家の中にいて従の存在という意味がある。親がロールモデルとなって，いつの間にか同じ呼び方をすることが多いようだが，言葉はその人の意識の表れであるとともに，言葉が意識を規定していく部分もあるので，上下関係の意味をもつ言葉を使い続けていると，夫婦関係も上下の関係になっていってしまう。

　それが暴力という形で出てくるのがドメスティック・バイオレンス（DV）である。男性が主で決定権を握り，お金を稼いでくることに絶対的な価値を置くというジェンダーが背景にあると，夫は妻の些細な言動に腹を立て，二言目

には「誰が食べさせてやってるんだ」「お前は黙って俺の言うことを聞いていればいいんだ」「いやなら出ていけ」と怒鳴る。暴力への恐怖，経済的に自立できない弱さなどから対等には振る舞えず，上下関係はさらに確固たるものになる。こうなると暴力もエスカレートするのである。

2．仕事場

　仕事をすれば対等かというと，そうではない。女性は補助的な仕事を与えられることが多かったり，保育士，看護師，幼稚園教諭，栄養士などのように，家事や育児にかかわりのある仕事領域には女性が多かったりする。そして専門職にもかかわらず，給与の額は低い。

　日本女性の働き方は，30代で子育てのためにいったん退職し，子育てが一段落すると再びパートで働き始めるというM字型曲線を描いている。総務省統計局の調査「女性の年齢階級別就業率の変化」[1]の2000年と2010年（2011年は東日本大震災の影響で推計値のため，使用せず）とを比べると，M字カーブのボトムが30代前半から後半へと移ったり，ボトムの値が年々上昇したりしているとはいうものの，相変わらずM字型になっていることに変わりはない。前述したように，女性は仕事をもっていても家事，育児との"両立"を求められるというジェンダーがあるため，退職せざるを得ないのだ。再就職となれば，働き続けていた場合より格段に低い給与額となるし，そもそも途中で退職するであろう働き方の人間には初めから高い給与を払おうとしないということもある。

　このようにジェンダーの価値観は女性を働きにくくし，男女の賃金格差を生じやすくする。生涯賃金の差は年金受給額にも影響し，女性の自立を妨げている。しかし働き方に問題が起こるのは男性も同様だ。生活費を稼いで妻子を養わなければいけないという気持ちが強いと，社内での評価を上げるため，あるいは退職勧告に遭わないために過労死するほど働いてしまう。万一，失職しても妻に打ち明けられず，自殺に追い込まれたり，犯罪に手を染めても辻褄を合わせようとする事件さえ起こったりしている。

　そこまで極端でなくとも"仕事一筋"が求められると，男性は育児休業がと

りにくい。厚生労働省の「雇用均等基本調査」[2]によると、2011年度に2.63％で過去最高となった男性の育児休業取得率は2012年度に1.89％と減少した。赤ちゃんの成長はいちじるしく、育児は大変であっても喜びが大きいものであるが、男性は「稼ぐことが第一」と考えるジェンダーによって、わが子に日々かかわり、成長を実感する喜びから遠ざけられているといえる。

2007年、政府、地方公共団体、労働界、経済界の合意によって「仕事と生活の調和（ワーク・ライフ・バランス）憲章」と「行動指針」が策定された。文字通り、仕事と生活のバランスがとれた生き方を社会全体で実現しようとする試みである。しかしジェンダーに縛られた意識を変えない限り、「らしく」あろうとすればするほどバランスは取れなくなり、どちらかに大きく傾いてしまうのである。

3．社会構造

ジェンダーが家庭生活、職場、男女の人間関係に影響しているということは社会構造にも反映されていることを意味する。国際機関の1つである「世界経済フォーラム」が2012年10月に発表した「男女平等（ジェンダー・ギャップ）指数」[3]は、世界135カ国中、日本は101位で、前年の98位からさらに後退した。この指数は①「経済活動の参加と機会（給与、参加レベル、専門職での雇用）」、②「教育（初等教育や高等・専門教育への就学）」、③「健康と生存（寿命と男女比）」、④「政治への関与（意思決定機関への参画）」の4分野で男女格差を測定したものである。

スコアの最大値は1で、①のスコアは0.5756、②は0.9869、③は0.9791、④は0.0705となった。「経済活動の参加と機会」の男女平等度が先進国とは思えないほど低く、「政治への関与」に至ってはひと桁違うというスコアである。実態を見てみよう。

厚生労働省の「賃金構造基本統計調査」[4]によると、2012年の課長級以上の管理職に占める女性の割合は6.9％（前年7.2％）。係長級管理職に限っても14.4％（前年15.3％）しかいない（以上、企業規模100人以上）。男女共同参画社会

基本法に基づいて政府が2010年に策定した第3次男女共同参画基本計画では「2020年に指導的地位に女性が占める割合を少なくとも30％程度とする目標」[5]を掲げている。しかし，国家公務員採用試験からの採用者は2010年に26.1％となっているものの，都道府県の本庁課長相当職以上は5.7％（2009年），国の本省課室長相当職以上は2.2％（2008年）という状況である。

主権国家の議会による国際組織「列国議会同盟」（IPU）の2012年調査報告[6]によると，世界の女性議員比率の平均は20.3％で，初めて2割を超えた。一方，日本は2012年12月に行われた総選挙でそれまでの11.3％から7.9％に減り，世界190カ国中163位である。クオータ制（割り当て制）を導入して男女比率の偏りをなくそうとする国が多い中で，日本は男女平等の流れに逆行している。

管理職，あるいは国会議員の女性比率が少ないことは，決定権のある場に女性が少ないことを意味する。ジェンダー・バイアスの問題を是正するため，女性の視点を入れようとしても，旧来の「男社会」を変えたくない男性たちによって否決されてしまうのだ。

第3節　ジェンダーの作られ方

第2節で取り上げた以外にも問題はいろいろあるのに，なぜ，ジェンダーはなくならないのだろうか。この世に生まれた瞬間はだれもが真っさらで，いかなる価値観ももっていない。しかしさまざまな体験をすることで，少しずつジェンダーの価値観を身につけていく。その主だった要因を考えてみよう。

1．家庭

赤ちゃんが最初にもつ人間関係は，親をはじめとする家庭内の人との関係である。仕事にまい進する父親とほとんど会うことがなくとも乳幼児は不思議と思わず，たまに遊んでくれた父親が出かけるとき「また来てね」と言ったという実話が語られるが，子どもは父親の不在さえ当たり前に受け入れるのだ。それと同じように家族がジェンダー・バイアスに染まった発言をし，行動をすれ

ば，子どもはそれを自然に学び，身につけていく。

　少し成長して，地域の大人や他の家族と接するようになった場合はどうだろうか。ほとんどの大人が大なり小なりジェンダーの価値観をもって暮らしているため，ジェンダーに違和感はない。もし，ジェンダーにとらわれず，自分の生き方を自己決定しようとするジェンダーフリーの考えの大人がいても，それは"変わった人"という見方で子どもの中では処理され，大した影響は与えないだろう。

2．保育・教育の場

　建前としては男女平等だが，自分のジェンダーに無自覚な教師がいると"隠れたカリキュラム"が生まれてしまう。たとえば，保育園・幼稚園で荷物置き場や靴箱を示すとき，女の子はピンクのシールの場所，男の子はブルーのシールの場所ということはないだろうか。折り紙やコップなどを渡すとき，赤やオレンジを女の子に，緑や黒は男の子にということはないだろうか。これが繰り返されると，女の子は暖色系で温かく華やかなイメージの色，男の子は寒色系で強くクールなイメージの色が相応しいというジェンダーが身につく。だからランドセルはほとんどの女の子が赤を選び，ほとんどの男の子が黒を選ぶのだ。

　名前の呼び方はどうだろうか。男女混合名簿で出席を取れば問題ないが，男女別名簿で，いつも男の子の名前を先に呼ぶと，知らないうちに「男が先，女は後」という価値観が身につく。生徒会長（委員長）は男の子，副会長（副委員長）は女の子というようにいつも女の子がサブに回る形であると，「男が主，女は従（または補佐）」というイメージがつく。

　学校における各種委員会活動で，保健委員や健康委員は女の子，スポーツ委員は男の子というように割り振ると，性別役割分業的な発想が不自然でなくなり，女の子はいつも「家事・育児・介護」的役回りを自ら選びとるようになる。つまり，運動部系の部活動では，「男の子は選手，女の子はマネージャー」となる。マネージャーは「記録・計測」という本来の仕事のほかに，部屋の掃除，ユニフォームの洗濯からお茶くみまで，男子選手の世話を焼くのが主だった仕

事内容となるのである。

　このように"隠れたカリキュラム"でジェンダーを植え付けていく教員を作らないためには，教員養成校でジェンダーについてしっかり学ぶ必要があるが，そもそも養成校自体の問題意識に大きな差がある。ジェンダー問題への取り組みがほとんどない養成校も珍しくはなく，"隠れたカリキュラム"を作る教員の拡大再生産に手を貸す結果となっている。

3．メディア

　生まれた赤ちゃんは自宅に戻った瞬間からテレビのある生活になる。NHK放送文化研究所が2003年に行った調査によると，生後6カ月までに「テレビを見せ始めた」家庭は27.9％に上っている[7]。赤ちゃんの周りにはテレビだけでなく，ビデオ，ラジオ，CD，パソコン，ケータイ，スマホなど，各種メディアがひしめいており，次々と接触していくことになる。それらのメディアにジェンダー表現があれば，合計の接触時間が長いだけにその影響は大きい。次に，主だったメディアにおけるジェンダー表現を取り上げてみよう。

第4節　マスメディアのジェンダー表現

　かつて井上輝子らはメディアが描く女性像と現実の女性像との関係を，メディアごとに分析して見せた。1995年のことだが，基本的な構造は変わっていない。規範としての女性像と現実が，メディアという場で綱引きをしているのだ。ただ，その表現は少しずつ見えにくくなっている。

1．新聞

　田中和子は女性と子どもにかかわる全ての情報を家庭面に放り込むことで，ここに女性を囲い込み，他の役割を不可視化していると指摘した[8]。今，「家庭」面は「生活」面，「暮らし（またはくらし，またはくらしナビ）」面と名称が変わっている。しかし，現実の例を記事にしようとすれば，育児や家事を中心

になって担う,あるいは半分ずつ担う男性はレアケースの紹介となり,結局はジェンダーの補強をする働きをしている。政治面や経済面に女性の専門家の話が載ることはあるが,圧倒的に数が少ない。

そうした紙面作りの姿勢を端的に表しているのが,死亡記事(お悔やみ欄)の敬称の使い方である。全国紙で敬称を男女ともに「さん」としているのは,毎日新聞と朝日新聞。産経新聞と読売新聞はいまだに男性が「氏」,女性が「さん」になっている。これは「男は剛,女は柔」のジェンダーに基づく敬称使用であり,「氏」は社会的ステータスを表すニュアンスもあるので,男性をそのようにとらえていることを表している。もちろん,両性ともに「さん」を使っている新聞社が,それだけでジェンダーのない紙面づくりをしているわけではないが,敬称すら変えないというところに,ジェンダー問題の根深さが表れている。

2. テレビ

現実の女性像,男性像,家族像を反映するものとしてテレビドラマがある。かつてドラマに描かれた家庭は,家族のために全力で働く父親が中心で,そのような夫を陰から支える妻の立場は見えにくく,家事,育児にかいがいしく働く母親像が前面に出ていた。しかし,次第にこのような典型的ジェンダー家庭が描かれることは少なくなり,多様な家族像が描かれたり,キャリア・ウーマンが主人公になるドラマが登場したりするようになった。

弁護士,検事,医師の職業をもつ女性が主人公のドラマは珍しくないが,その女性たちは仕事をバリバリして有能なだけでなく,部下も上手に使えるし,何より美人でファッショナブル。男性が仕事をするときは仕事に対してだけ評価されるが,女性の場合は必ず美しさ,ファッション,育児・家事能力などが同時に評価対象になる。これもジェンダーで,このダブル・スタンダード(二重基準)はドラマでも健在である。

バラエティ番組では「やせていること」と「若いこと」が女性の価値基準だと示す内容が,繰り返されている。最近では「美魔女」という呼称を使い,い

かに年齢より若く見え，美しいかをスタジオ中で絶賛する。あるいは懸命のダイエットで数十キロやせたとか，ウエストが20センチ細くなったなどというケースを，手を替え品を替えて見せる。当然，視聴者には「若く，やせていて美人」の女性が最高だという価値観が植えつけられていく。

3．雑誌

　「若さ」「細さ」「美しさ」の強調ということでは，女性誌が先輩格だ。記事にも広告にもダイエット関連の情報がたくさん載っているし，モデル（芸能人も含む）がその価値観を体現して見せる。ファッション界の「細め」志向はとどまるところを知らない。朝日新聞は「モデル写真『修正』に批判」と題して「モデル写真のぜい肉は写真加工で消すのが半ば常識」になっている米ファッション界の様子を伝えている[9]。

　日本の女性誌に特徴的なもう1つのキーワードは「かわいい」だ。10代はもちろん，20代でも30代でも「かわいい」が最高の賛辞であり，いかにかわいく見せるかの美容法や装い方，振る舞い方を記事にする。雑誌によってはセクシーさをプラスして強調する。セクシーさの強調は性的解放をイメージさせ，かわいさは幼児性や従順さをイメージさせる。この相反する女性像は，まさに男性がイメージする"自分にとって都合のよい女性"像である。それが女性誌でふつうにみられるということは"男性の視点の内在化"が女性の中に起こっていることの証拠なのだ。

　最近は読者モデルを使うページもあるが，ここに太めの人が載ることは，まずない。同じ読者が若く，かわいく，美しく，ファッショナブルなら，その価値観はより浸透しやすいといえる。

4．広告

　媒体によってジェンダーの出方が少し異なるので，ここでは多くの人にとって一番，接触頻度が高いテレビCMを取り上げる。CMに性別役割がはっきりと表れ，固定化につながるとの批判を初めて受けたのは，ハウス食品の「わた

し作る人，僕食べる人」という広告だった。ここまで典型的なジェンダーはほとんどなくなっているが，逆に見えにくい形で存在している。かつてなら，お酒や車のCMは"男性のもの"だったが，現代は女性がお酒を飲んだり車を運転したりしているCMも少なくない。そこだけを見るとジェンダーフリーのようだが，その中身が異なる。男性が運転するのは大きく豪華な車，女性が運転するのは手軽な軽自動車である。男性が飲むお酒はアルコール度数が高いものや辛口，女性が飲むのはビールや梅酒のようにソフトなイメージのあるお酒だ。ジェンダーの男性イメージ，女性イメージが商品にも投影されている。

　また女性の身体部位をクローズアップすることによってアイ・キャッチャーとしての役目を果たさせるような作り方は，女性の「性」の商品化である。こうしたジェンダー表現に対する批判は1970年代ごろから盛んにされてきたが，その状況は少しも変わっていない。現実の女性の露出度も，性的開放度も高くなっているので，CMが女性の「性」の商品化をしているといっても，それが問題だと認識されにくい状況も生まれている。

5．絵本

　小さな子どもたちへの影響という点では，今日でも絵本が大きな位置を占めている。絵本は古くから読み継がれている作品が多いため，ジェンダーへの配慮がないことも多い。藤枝澪子が1983年に発表した絵本分析の結果は，次のようなものだった。絵本の選び方によって割合が変わるのだが，女の主人公は男の主人公の3分の1から5分の1なのである。男の子は多様な個性をもち，行動的で社会性がある。それに比べて女の子は静的で，ムード的表現の手段として，あるいは傍観者，見物人，男の子の行動の受け手として使われることが多いと分析する[10]。

　男らしさ，女らしさの典型的なパターンとして描かれているため，男の子を主人公にすれば話の世界が広がり，ストーリーを作りやすいことから，男の子の主人公が多いのだと考えられる。この傾向はNPO法人SEANが2003年に発表した絵本の分析結果でも，あまり変わっていない[11]。もちろんジェンダー

表現のない絵本もあるので，絵本の選び手がどのような意識で絵本を選び，子どもたちに与えるのかが問われることになる。

　以上，みてきたようにマスメディアの中にはジェンダー表現があふれており，そのことを意識しないとジェンダー，およびジェンダーによって引き起こされる問題の拡大再生産に手を貸すことになる。その意味でもメディア・リテラシーが必要である。

【注】
1)　「労働力調査　長期時系列データ」総務省統計局（http://www.stat.go.jp/data/roudou/longtime/03roudou.htm）閲覧日2013年10月22日
2)　「雇用均等基本調査」厚生労働省（http://www.mhlw.go.jp/toukei/list/dl/71-24e.pdf）閲覧日2013年10月22日
3)　「男女平等（ジェンダー・ギャップ）指数ランキング・国別順位（2012年）」世界経済フォーラム（http://memorva.jp/ranking/world/wef_global_gender_gap_report_2012.php）閲覧日2013年10月22日
4)　「賃金構造基本統計調査」厚生労働省（http://www.whlw.go.jp/stf/shingi/2r9852000002xpjf-att/2r9852000002xptc.pdf）閲覧日2013年10月22日
5)　「第3次男女共同参画基本計画」内閣府（http://www.gender.go.jp/about_danjo/basic_plans/3rd/pdf）閲覧日2013年10月22日
6)　「女性議員比率，衆院は世界最低レベル　IPU調査」朝日新聞デジタル（http://www.asahi.com/politics/update/0413/TKY201304130200.html）閲覧日2013年10月22日
7)　「テレビ削減生活に挑戦！」『毎日新聞』2004年5月16日朝刊
8)　田中和子「新聞にみる構造化された性差別表現」井上輝子・上野千鶴子・江原由美子編，天野正子編集協力『日本のフェミニズム7　表現とメディア』岩波書店，1995年
9)　「モデル写真『修正』に批判」『朝日新聞』2012年1月6日朝刊
10)　藤枝澪子「絵本にみる女（の子）像・男（の子）像」井上輝子・上野千鶴子・江原由美子編，天野正子編集協力『日本のフェミニズム7　表現とメディア』岩波書店，1995年
11)　特定非営利活動法人シーン編『絵本100冊読んで見えてきたもの』2003年

第14章

メディアとモラル

原　克彦

第1節　情報発信者の多様化

　1980年代に登場したインターネットは，2000年代に入って回線の高速化や低価格化などによって急速に発展した。とくに携帯電話におけるインターネット接続サービスの普及が引き金となり，個人がいつでもどこでも多様な情報にアクセスできるようになった。インターネット普及以前のメディアの代表は，テレビやラジオ，新聞などのマスメディアや電話や郵便であり，その伝搬は発信者側から受信者側への「1対多」の形式が多かった。しかし，インターネットの普及により，メディアの種類やそこで流通する情報の種類は爆発的に多様化，大量化し，それまでの1対多だけでなく，ソーシャルメディアと呼ばれる仕組みやサービスに見られるように1対1や多対多，またはこれらの分類ができない双方向性を特性とした多様な利用形態が増大してきた（図14－1）。このことにより，これらの利用者間でのメディアの使い方やモラルに関する課題も浮き彫りになってきた。

　図14－1でも分かるように，多くの個人が有している携帯情報端末や据え置き型のパーソナルコンピュータなどを利用した双方向のコミュニケーション手段としてのメディアの利用が一般的になってきた。これまでは，マスメディアの発信者側のモラルが問われることが多かったが，個人がメディアを利用して情報を受信する場面や，発信する場面でのモラルが必要となってきている。

　メディアとモラルを考える場合，メディアを扱う人が関わるそれぞれの立場

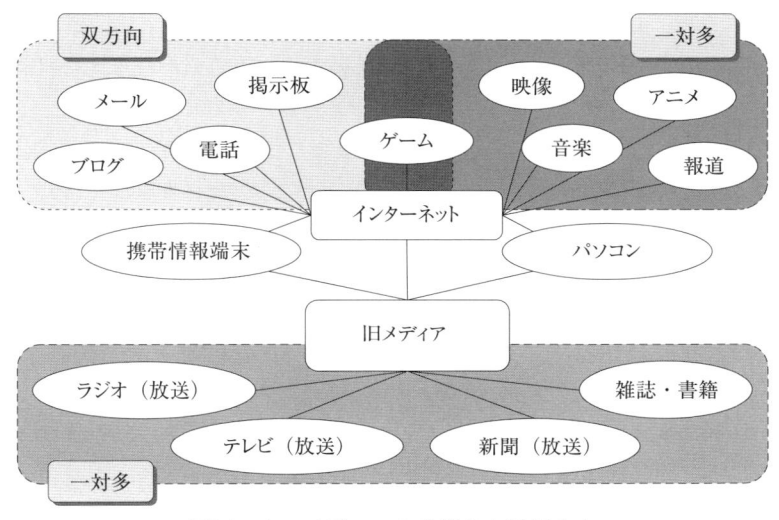

図14−1　メディアの多様化と通信方向

での内容を考える必要がある。この章では，多くの人へ情報を発信するマスメディアに関係する立場，交流サイトやゲームなどを提供することで多くの人同士が交流する仕組みを提供する立場，人びとが交流する場所で情報を発・受信する個人の立場，さらにはメディアの特性を十分に理解する前にメディアを活用し始める子どもの立場などを想定し，これらのメディア活用場面でのモラルについて，その内容を概観する。

第2節　マスメディアのモラル

1．表現の自由

　日本では，1946年に制定された日本国憲法によって表現の自由が保障されている。ここでは，思想，信条，意見，主張，感情などを表現する自由や印刷物による出版の自由，口頭による言論の自由とともに，報道や放送，映画の自由などを含むことによって，情報発信者の表現の自由を保障している。世界的な

視野でみると，1948年の第3回国連総会において，「すべて人は，意見及び表現の自由に対する権利を有する」ことが採択され，他のいかなる人や組織などからも干渉されることなく，自己の意見をもつ自由が認められている（1966年の第21回国連総会において国際人権規約第19条として採択，1976年に発効，世界人権宣言の内容を基礎として，これを条約化。日本では1979年に批准）。このことは，国境に関係なく，情報を収集すること，思想を求めること，また自らがこれらを伝える自由を意味している。このことは，現在のインターネットの普及による国境を越えたさまざまな情報の流通を予知する先見的な規約だったといえる。

2．マスメディアの自主規制

しかし，これらの表現や情報発信・受信などの自由が，他者の権利の侵害を許すものであってはならない。そこで，放送法などのように放送の効用や表現の自由などを法律で定めたり，民間の団体や協会が主体的に綱領などを設けたりしている。1946年の日本新聞協会創立時に定められた「新聞倫理綱領」，同年に制定された「日本民間放送連盟ラジオ放送基準」，1957年に社団法人日本書籍出版協会と社団法人日本雑誌協会が定めた「出版倫理」，翌年1958年に制定された「日本民間放送連盟テレビ放送規準」，1970年にラジオとテレビを融合した「日本民間放送連盟放送規準」，最近では1996年に民放連（社団法人日本民間放送連盟）とNHK（日本放送協会）が「放送倫理基本綱領」などを制定している。

たとえば，現在の新聞倫理綱領（2000年改訂）は，「自由と責任」「正確と公正」「独立と寛容」「人権の尊重」「品格と節度」の5つの項目を設け，言論と表現の自由を守るとともに，情報発信者としての正確性や公正性，個人の名誉の尊重，品格の保持などを明記している。情報を発信する側の立場として，受信する側の読者だけでなく，取材される側の立場や人権を意識した報道の在り方を自ら問いながら報道を行うことへの責任を明確にしている。

また，放送倫理基本綱領では，人びとの最も身近な存在となったメディアとして放送を位置づけ，その使命や影響を考え社会生活に役立つ情報を提供すべ

きだとしている。その場合，児童・青少年，家庭に与える影響を考慮して情報と健全な娯楽を提供することの重要性を記述している。そのための正確性や公正さを保つための自立性や努力とともに，取材や制作の過程を適正に保つことが必要だとしている。

このように，マスメディアの主に発信者側のモラルについては，出版倫理や放送倫理に関するきまりなどの遵守によって記事や番組の質の維持が図られている。しかし，制作に携わっている関係者の不注意や意図的な行為によって適切な情報が提供されない場合も少なくない。これらについて，放送の場合には正確な放送と放送倫理の高揚に寄与するBPO（放送倫理・番組向上機構）が民放連とNHKによって設けられ，放送への苦情や放送倫理上の問題に対し，独立した第三者の立場から対応している。

3．放送事業のモラルの改善

各放送局や映像制作会社では，各社が倫理規定などを設け，番組制作に際しての基本姿勢などを明確にしている。これらに共通しているのは，先に取り上げた「日本民間放送連盟放送規準」や「放送倫理基本綱領」に基づいていることである。ここでは，正確で迅速な報道，健全な娯楽，教育・教養の進展，児童および青少年に与える影響，節度をまもり，真実を伝える広告などが記されている。さらには，自身の放送番組を監査する機構を設置して自浄に努めている。しかし，このような倫理対策にもかかわらず，問題となる情報が放送されることがある。

そこで，前述のBPOでは，視聴者の立場で問題があると判断された番組・放送を検証し，放送界の自立と放送の質の向上を図るため，3つの委員会を組織している。それらは，放送番組向上のための審議と虚偽放送についての検証を行う「放送倫理検証委員会」，放送による人権侵害を救済する「放送と人権等権利に関する委員会（放送人権委員会）」，青少年が視聴する番組の向上に向けた意見交換や調査研究を行う「放送と青少年に関する委員会（青少年委員会）」であり，それぞれの処理スキームに従った活動を行っている。

設立が最も古い放送人権委員会では，1998年から2012年の15年間に45件の事案が取り上げられ49件の見解や勧告が行われている。放送倫理上の問題や人権侵害などが主な内容であるが，情報バラエティ番組の制作段階での取材不足や事実確認の欠如などが人権侵害につながっているケースがある。

　放送倫理検証委員会では，設立された2007年から2012年の6年間で15件の事案を審理し，特定の放送局に対して勧告や見解を通知し公開している。その多くは，放送倫理に違反するものや放送内容の虚偽・捏造などである。また，その発覚が視聴者からの指摘である場合もあり，場合によっては同局内で同じような事案が繰り返されているケースもある。

　青少年委員会では，青少年の視聴に問題があるものや，出演している青少年の扱いが不適切な番組について審議している。また，青少年へのおすすめ番組も毎月公表し，2000年からの12年間に13件の要望や提言などを行っている。2004年の「子ども向け番組」についての提言では，子ども向けの番組が増えることや，子どもに見せたくない番組冒頭でのテロップ表示などを求めている（韓国では，R18やR15，R12などのR指定があり，テレビドラマなどでラブシーンや暴力シーンを含む番組では，「15歳，18歳の未成年者が見るのにはふさわしくない」というテロップが事前に流れるので，日本でも対応を求めていると思われる）。また，十分な判断力が付いていない子どもたちへの番組中での商品紹介に対する配慮なども求めている。

　このように視聴者からの要望を受けたさまざまな分野での審議や審理，調査活動などを経たうえでの提言や提案，勧告や見解などが行われている事実からも，放送事業に対するモラル改善の取り組みが継続して必要である。

第3節　情報を扱う企業のモラル

　私たちが扱う情報は，新聞や雑誌，ラジオやテレビなどのマスメディアにとどまらず，携帯電話やスマートフォンなどの携帯情報端末やパソコンなどの個人の情報通信端末を通して得ることが可能となっている。それらの機器には

SNSやブログなどのソーシャルメディアと呼ばれるサービスが幾多の企業から提供されている。仕組みを提供している企業側では，利用者が体験するさまざまな状況を予測して，その状況の中で企業が被る不都合を回避するための対策を「契約」や「利用規約」などに盛り込んでいる。

　たとえば，インターネットゲームなどでは，利用者の射幸心を煽（あお）るような仕組みを準備し，その仕組みの中で必要となるコンテンツに対する課金で利益を上げる事例が問題となった（2012年のコンプガチャ問題）。仕組みそのものに法令違反があれば，企業の倫理違反は明らかであるが，射幸心を煽る仕組みに対しては，利用者側が留意して利用することが必要な場合もある。しかし，判断力に乏しい未成年が利用する可能性を認知したうえでのサービスの提供には問題を含んでいる。インターネット上では，未成年者が前述のような事例に遭遇していることが多く，提供する企業側の十分な配慮が必要である。

　このような未成年者のインターネット利用に関する企業側に対する法の整備については，「青少年インターネット環境整備法」や「出会い系サイト規制法」などがある。2008年に制定された青少年インターネット環境整備法の目的は次の3点である。

① 青少年のインターネットを適切に活用する能力の習得に必要な措置を講ずること。
② 青少年有害情報フィルタリングソフトウェアの性能の向上及び利用の普及を図ること。
③ 青少年がインターネットを利用して青少年有害情報を閲覧する機会をできるだけ少なくするための措置などを講ずること。

　これらは，インターネットにおいて青少年有害情報が多く流通している状況に対し，青少年が安全に安心してインターネットを利用できるようにして，青少年の権利の擁護に資することとしている。同法の第5条では，関係事業者の責務として，「青少年のインターネットの利用に関係する事業を行う者は，その事業の特性に応じ，青少年がインターネットを利用して青少年有害情報の閲覧をする機会をできるだけ少なくするための措置を講ずるとともに，青少年の

インターネットを適切に活用する能力の習得に資するための措置を講ずるよう努めるものとする」としている。具体的には，携帯電話などの販売時に青少年有害情報フィルタリングサービスを提供する義務やプロバイダ事業者などへの青少年有害情報フィルタリングの提供義務，青少年に対する有害情報への接続回避義務などである。この法律の制定から3年後の2012（平成24）年度の内閣府の「青少年のインターネット利用環境実態調査調査」（図14-2）では，各学校種におけるフィルタリングの普及が徹底していない実態が明らかになっている。原因についての分析はないが，罰則規定のない同法の効力について考える必要がある。

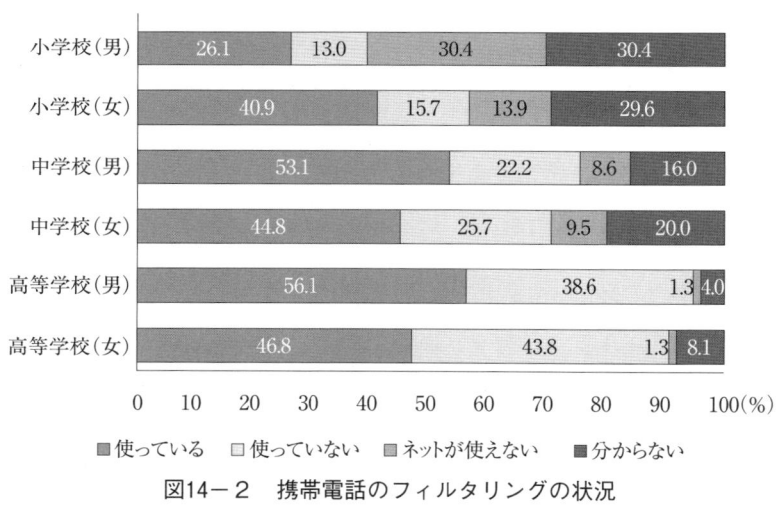

	使っている	使っていない	ネットが使えない	分からない
小学校（男）	26.1	13.0	30.4	30.4
小学校（女）	40.9	15.7	13.9	29.6
中学校（男）	53.1	22.2	8.6	16.0
中学校（女）	44.8	25.7	9.5	20.0
高等学校（男）	56.1	38.6	1.3	4.0
高等学校（女）	46.8	43.8	1.3	8.1

図14-2　携帯電話のフィルタリングの状況

（出所）　内閣府『平成24年度 青少年のインターネット利用環境実態調査』（2013年3月）

一方の出会い系サイト規制法は，正式名称を「インターネット異性紹介事業を利用して児童を誘引する行為の規制等に関する法律」といい，2003年に制定され，2008年に，犯罪件数のさらなる減少と規制の強化を目的に改正された。出会い系サイトの利用に起因する18歳未満の少年少女の買春その他の犯罪から彼らを保護し，もって児童の健全な育成に資することを目的としているが，中

高生が出会い系サイトを介して犯罪に巻き込まれるケースが非常に多く，年間1,000件程度の被害報告が続いている。利用者個々のモラルが問われることはもちろんであるが，サイトを提供している企業が，危険性や犯罪抑止のための仕組みや工夫を施すことも必要だとしている。このように，利用者個人がさまざまな被害や問題に巻き込まれる現状がある。

第4節　個人の情報モラル

1．個人の情報発信機会の増大と対策

　図14－1で見たように，情報通信端末の個人利用が拡大し，その上での情報の送受信の機会が増大している。具体的には，『平成25年版　情報通信白書』（総務省，2013年）の先進6カ国ネット比較調査から日本部分だけを抽出した端末別インターネット利用率（図14－3）が示すように，これまでのパソコンだけでなく，スマートフォンや携帯電話，タブレット端末，ゲーム機などの持ち運びが容易な個人端末でのインターネットの利用機会が拡大している。同白書では，それらの端末で個人での情報発信が可能なソーシャルメディアの利用率

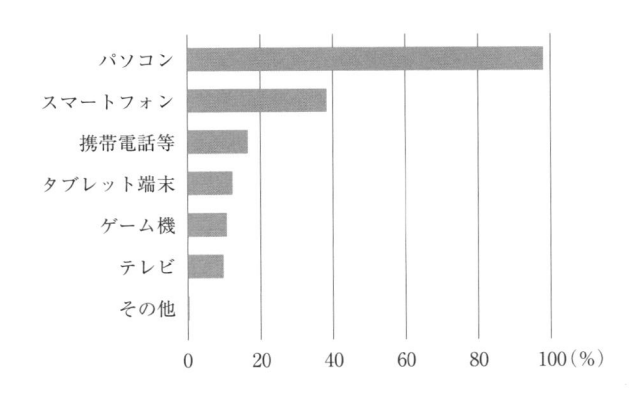

図14－3　端末別インターネット利用率
（出所）　総務省『平成25年版　情報通信白書』

が拡大していることを報告している。新聞やテレビなどのマスメディアによる情報の受信が中心だった場合には，情報発信者である企業側のモラルが問われていたが，個人が情報を容易に発信できるメディア利用の機会増大とともに，情報受発信時の個人のモラルを向上させる必要がでてきた。

このことについては，2013年6月に閣議決定された「新しいIT戦略」の人材育成に関する項にも取り上げられ，国策として，子どもから学生，社会人，高齢者に至るまで，年代層別に，ITに関する知識を身につけるための取り組みが推進されるようになってきた。とくに，初等教育段階からの個人のメディアリテラシーとモラルの向上を図るための情報教育や情報モラル教育に関する内容の充実などがあげられている。

２．個人の情報セキュリティ対策

一方，総務省では，「国民のための情報セキュリティサイト」を準備し，国民が安心してインターネットを利用できるように呼びかけを行っている。対象としては，一般個人だけでなく，情報セキュリティ対策が必要な企業や組織に対してもさまざまな情報を提供している。ここでの情報については，インターネットが利用できない国民にも届くように，印刷して配布するなどの対策も行っている。

同サイトでは，基本知識として必要なインターネットの仕組みやそのうえで提供されているさまざまなサービスの仕組みをはじめ，インターネット利用時の危険性，その危険から回避するための対策，情報セキュリティ関連の法律，さらにはインターネットなどの情報通信技術やサービスの特性を理解するための説明など，その内容は多岐にわたっている。また，これらの情報機器に対する対策だけでなく，利用者が身につけておくべきモラルについても解説している。国民の多くがこれらのことを正しく理解し，情報機器や情報サービスを安全に安心して利用できるような能力と態度を身につけることをねらいとしている。

3．情報機器への対策と個人のモラル向上

　一般的に，インターネットやソーシャルメディアを利用して発生する事件や事故の多くは，利用者の不注意や意図的な不正利用によるとされている。たとえば，個人情報の流出は，端末や記憶媒体の置き忘れ，盗難によるものが多いが，その件数で捉えるとネットワークを介しての不正侵入による流出が多い。これらは，利用者が利用している機器などにさまざまなセキュリティ対策を練っている場合でも，防ぐことが困難とされている。しかし，情報端末等へのセキュリティ対策は，大切な情報の意図しない流出を抑止する上では効果的である。

　そこで，前述の総務省のサイトなどでは機器に対する対策として，一般利用者に基本ソフトウェアの更新や，ウィルス対応ソフトの利用，家庭でのネットワークの適切な設定などを求めている。とくに，コンピュータの機能を有した携帯型の情報端末機器（スマートフォンやタブレット端末など）に対しては，「スマートフォンセキュリティ３か条」を公表し，前述の内容に加えてアプリケーションソフトに対する注意などを求め，認知度の向上に努めている（図14－4）。

　一方，機器以外の個人のモラルについては，パスワードの設定と管理をはじめ，個人情報の取り扱いに対する法の理解と取り扱い，さまざまな詐欺行為に対する手口や仕組みの理解，事故や被害に遭遇した時の対応方法などを解説している。これらの幅広い知識と対策，態度の醸成をもって適切な情報端末の活

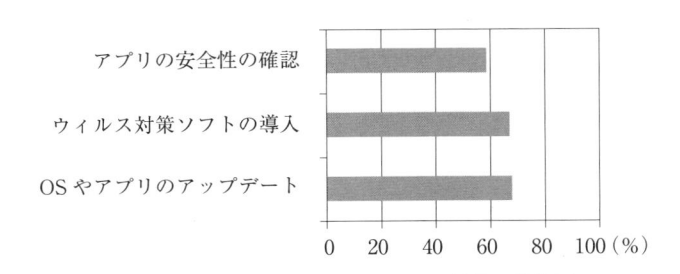

図14－4　スマホのセキュリティ対策の認知度
（出所）　総務省「ICT基盤・サービスの高度化に伴う新たな課題に関する調査研究」（2013年）

用を求めている。

第5節　子どものための情報モラル教育

1．学校教育でのモラル指導

　2011年度から実施が始まった小・中・高等学校の学習指導要領では,「情報モラル」教育は,道徳をはじめ各教科等で行うこととしている。これは,第4節で解説した初等教育段階からの個人のメディアリテラシーとモラルの向上を図るための取り組みの1つである。小学校と中学校の学習指導要領解説総則編および同道徳編によると,「情報モラル」とは,「情報社会で適正に活動するための基となる考え方や態度」としている。その内容は,「他者への影響を考え,人権,知的財産権など自他の権利を尊重し情報社会での行動に責任をもつこと」「危険回避など情報を正しく安全に利用できること」「コンピュータなどの情報機器の使用による健康とのかかわりを理解すること」など多岐にわたり,学校教育の早い段階から,発達段階に応じて指導することが必要だとしている[1]。総務省の「ICT基盤・サービスの高度化に伴う新たな課題に関する調査研究（2013年）」によると,日本では,情報セキュリティに関する教育や研修の未体験が67.3％であり,シンガポールの41.7％やフランスの49.2％に比べても遅れており,学校教育における道徳的な規範の中に,情報社会の特性などを踏まえた情報モラル教育を進めていく必要があることが分かる。そのうえで,友達や周りの人への影響を考え,適切に情報を扱える力や態度などを,小学校の早い段階から適切に指導すること,さらには,情報社会の利便性や役立つ面を理解し,情報技術を生活や学習に正しく活かすことが望まれている。その一方で,危険から自分自身の身を守る方法を学び身につけることなども,学校教育で行うことが必要とされている。

　ところで,児童生徒のコミュニケーションは,家庭内から始まり,周辺の子ども同士や学校での集団生活へと徐々にその輪を広げ,相当の時間と経験を積んで進展する。一方,携帯電話やパソコンなどを利用したインターネットの世

界では，利用制限がかかっていなければ，利用開始と同時に見えない人とのつながりや社会との接点が生じてしまう危険性がある。多くの子どもたちは，インターネット上の危険に対して無防備な状態であり，インターネット上の事件やトラブルに関係する被害者，加害者も低年齢化している。

そこで，情報モラル教育のねらいには，情報社会の特性の理解を深めながら児童生徒が自分自身で的確に判断する力を育成するとともに，生活の中で遭遇する可能性のある危険から身を守る知恵を与えることが含まれている。この2つの狙いを進めていくためには，情報モラル教育を発達の段階に応じて体系的に実施し，学校だけでなく家庭や地域との連携も必要になってくる。

2．家庭におけるモラル指導

学校での取り組みの積み重ねにより，子どもたちのモラルや関心が向上し，情報モラルの重要性に関する内容を学校から家庭に届け，保護者の関心を高める必要がある。

学校外の日常生活では，有害な情報や不適切な情報に子どもが容易に接続できる環境が身近に存在し，これらから身を守るための方法を保護者らが家庭で指導することが急務となっている。学校で実施している情報モラルの指導の内容を家庭に伝えるだけでなく，家庭生活における子どもへの指導が必要であることを伝えるなど，学校と家庭での子どもへの指導の協調が重要である。

子どもたちが利用している携帯電話や携帯型ゲーム機などの情報通信端末の性能が進歩し，そこに潜む危険性が多種多様になっている。たとえば，無料でゲームを楽しむサイトが，巧妙な仕組みで子どもたちをコミュニケーションサイトに誘導するなど，安心して利用するには子ども自身に高い判断力が必要となる場合もある。しかし，小中学生にそのような判断力がついているとは限らず，このような危険から子どもたちを守るには，学校や保護者，周囲の大人の正しい理解と協力が必要である。

子どもたちが携帯電話やパソコンなどを通じてインターネット上のトラブルに巻き込まれる事例の多くは，通信サービスの仕組みを保護者が十分に理解し

ていないことに起因する場合が多いという実態がある。守るべきルールやマナー，危険から身を守るための方法などを伝えるだけでなく，その仕組みを正しく理解し，事前にそれらに対応する知恵と，ペアレンタル設定などの事前設定を正しく実施できる技能を，保護者が身につける必要がある。子どもたちをネットワーク社会の危険から守ることが，保護者の義務であることはいうまでもない。同時に，インターネット上のさまざまな危険から子どもたちを守る仕組みや環境作りに積極的に取り組む企業モラルも必要である。

【注】
1） 文部科学省『文献ページ教育の情報化に関する手引き』2010年

第15章
学習者・授業・学校を変える メディア表現

今野　貴之

第1節　学習者中心の教育

　情報通信技術（ICT：Information and communication technology）は，従来の教育の境界（学校，教室，学習者など）を超えてつながり合う学習環境を提供する。このような学習環境では，他者と関わりながら学習をしたり，インターネットを介した学習をしたりすることが可能になり，これまで自分ができなかったことを他の人に助けてもらいながら学習することができる。つまり，ICTを活用した学習環境（以下，ICT学習環境）では，自分ひとりのときと比べて，できることとできないことが大きく異なる。

　このようなICT学習環境が構築されるようになってきた背景には「学びの変化」と「新しい能力」が関係しており本章ではこれら2つのテーマに基づいて述べる。まず，第1～3節では，主に学校を舞台とする学びの変化について，続く第4節では新しい能力について説明する。

　学校という制度の中で，学習者は幾度となく知識を問うテストを経験する。本書を読んでいる読者もこれまで多くのテストを経験してきたことだろう。知識を問うテストがあるということは「知識をテストではかることができる」という見方があるからである。この見方に基づくと，教育とは，普遍的な知識，言い換えれば，人類が過去に作り出した文化遺産の「記録」を効果的・効率的に学習者に伝達することを目標としているといえる[1]。その目標のために，教師は，教科書・ノート・黒板・写真・動画などのメディアを使用し授業を行う。

そして学習者は教師から伝えられた知識を覚えようとすることに励む。教師と学習者のそれぞれの関係は図15-1に示すように，教師が伝えたことを学習者個人が覚えるという関係である。これは教師が主導して学習者へ一方的に知識を詰め込む暗記・暗唱を中心とした教師中心の教育といえる。

図15-1　教師中心の教育

しかし，このような教師中心の教育から，学習者の興味や関心に応じて実際に体験をさせたり，既有の体験と関連づけさせたりして，自律的，協働的な問題解決ができるように導くことを目指した学習者中心の教育が重要であると謳われるようになってきた。その背景には，学習者は人工的に作られた学校という特有の時間と空間の中で，日常の現実世界とは切り離されたことを学んでいる，言語化された他人の経験を教師や教材を媒介して間接的に学んでいること

が問題であると考えられるようになってきたからである。言い換えれば，日々の生活とは結びつかないような知識も，受験のための手段として学ぶことが問題であるとされてきた。

「学び」に関わる研究が進められる中で，学校で学んだ知識を実際に活用するためには，次の2つの過程が深く関連していることが明らかになってきた。ひとつは，自分の経験やそれまでもっていると知識と，新しい知識を結びつけていく過程である。ある授業で学んだことを他の授業で役立てたり，ある学年で学んだことを次の学年で活用したり，あるいは学校で学んだことを家庭や部活で応用することが重要である。もうひとつは，人と協働する社会的な過程である。知識は，他者との関わり，つまり組織や共同体の中で相互作用を通じて他者に助けてもらったり，他者と協働したりすることで構築されるという考え方がある。グループ内の仲間同士の相互作用によって知的関心が高まり，より深い理解を促すという社会的関係の中での学びが行われる。

以上より，学習者は，知識や技術を単に教えられて獲得するのではなく，他者の存在が必要であり，他者との相互作用の中でその使用方法や意義を学ぶのである。その具体的な方法として，学習者の興味や関心に応じて実際に体験をさせ各分野の理解を促進させたり，学習者自身の体験と関連づけさせたりして，自律的，協働的な問題解決ができるように導くことを教師は行う。これは学習者中心の教育であるといえるだろう。この教育をすすめる道具としてコンピュータやインターネットなどのメディアが用いられるようになってきた。この教育では，図15-2に示すように，学習者はこれまでの自分の経験や知識，そして他者と協力して物事を考えることになる。

学習者中心の教育で重要とされていることは，「他者と関わることで学ぶ」ということである。しかし，注意しなければいけないのは，上記の議論は，教師中心の教育と学習者中心の教育のどちらが優れているかを決める議論ではない，ということだ。現代社会における学びの変化として学習者中心の教育の重要性が謳われてはいるが，教育にはどちらも必要なのである。ひとつひとつの教育場面が異なるがために，その場面に適した教育方法が選択されていくこと

図15−2　学習者中心の教育

が望ましいのである。

第2節　学習者の主体性と学び

　他者と関わることで学ぶには,「関わる」という学習者の意志が必要である。つまり「学習者の主体性」が必要とされる。この「学習者の主体性」とはなにかを説明するにあたり,まず「学び」そのものについて考える必要があるだろう。

　「学び」とは,教師が知識や技術を学習者に与え,学習者はその対価を支払う取引のようなものと考えるかもしれない。しかし,学びとは,モノを買うような取引や,有用な知識や技術を教えてもらうことではない。なぜなら,人は自分で必要だと思うことしか「学ぶ」ことができないからである。たとえば,

マスメディアでとりあげられているような有名な人物が講義をしたり，最新鋭のテクノロジーを使用して学習者の理解を促進させようとしたりしても，学習者が居眠りをしていては「学び」にはならない。学習者は自分が学びたいと願っていることしか学ぶことができない[2]。

　学びたいと願うためには，学習者が自分の意志・判断をもち能動的に行動するという前提が存在する。したがって，学びには「学習者の主体性」が欠かせないといえる。

　大学では日常的に学習者の主体性が求められている。たとえば，学生が何かを学びたいと願うとき，図書館へ行き調査する，書店で本を購入する，教員や友人に聞くなどの方法がある。しかし，教員が学生に対して「これを覚えさえすれば大丈夫です」「あなたはこの人と繋がれば，こんなことが学べますよ」というように学生に対して完璧な道標をしてくれるわけではない。

　大学において，学生が主体的に学んでいくためには，まず自らが他者と関わり，コミュニケーションを図る必要がある。どのような他者と，何を用いて関わるのかによって，自分が何を学ぶかも異なるのである。たとえば，大学の講義の中には「学習者中心の教育」のように少人数のグループが組まれ，そこに課題が与えられ，その課題をグループ内で議論しあいながら解決していかなければならない形式の講義が行われている。教室の中の誰と机を並べて講義の課題に取り組むのかによってそこで議論される内容や，課題の達成度は異なる。グループをまとめるリーダーシップ，リーダーのサポートを行いグループの進行を支えるフォロワーシップなど，グループ内における自分の役割も異なるだろう。また，インターネットやEメールなどのICTを通じて他の大学の学生と関わったり，ひとつの目標を達成するために国を越えた人たちと関わったりする講義もあることから，語学力，異文化コミュニケーション力，ICTスキルなどの能力も求められる。

　以上のように，教室の中で行われる大学の講義において，人との関わり方が異なれば，そこで何を学ぶのか，どのような能力が求められるのかも異なる。

第3節　学校外における学びの場

　現在では，世界中のより多くの人が，図書館や学校という物理的な場所に足を運んで本を手に取ることなく，自国内はもちろん世界中のさまざまな書物や教材，情報，資料，他の人びととの知識や経験を，インターネットを介して得られるようになった。これは「学び」の機会が学校外にも広がっていることを意味している。本節では，学校外での学びの事例を3つ紹介する。

　はじめに，学生が地域社会と繋がりながら学習を進めていくプロジェクト活動を説明する。プロジェクト活動とは，学生が大学外の関係者，たとえば地域の組織・団体，初等中等教育などの教育機関，NGO/NPO，海外の大学や国連機関などで活動をする組織との連携のもとに進められる活動である[3]。学生はそれぞれの地域が抱える問題にともに取り組み，解決のためのアクションをとるなかで自身の学びとともに，卒業研究や社会貢献を行っていく。また，学生は，学生間だけではなく地域社会と関わりあい協働的に問題解決にとりくみ，内省していく経験を得ることができる。筆者も上記のようなプロジェクト活動を実際に経験してきた。筆者が関わったプロジェクト活動は，中東のパレスチナ難民の学校において教師がICTを活用しながら継続的な授業改善を行うことを目的とした教育支援であった。パレスチナ難民を支援している国連パレスチナ難民救済事業機関（UNRWA：The United Nations Relief and Works Agency for Palestine Refugees in the Near East）と連携しながら，このプロジェクトへの関心や問題意識，熱意などを共有したメンバーが集まりパレスチナ難民の学校の教育改善をめざしていた[4,5]。このようなプロジェクト活動は，教員が学生に対して課題を出すのではなく，学生が自ら進んで関わることで課題を見つけるのである。

　次に，オープンエデュケーション（Open Education）と呼ばれる活動を説明する。オープンエデュケーションの特徴のひとつは，教材・教科書をインターネット上で無料公開し，その利用をオープンにしているところである。また，

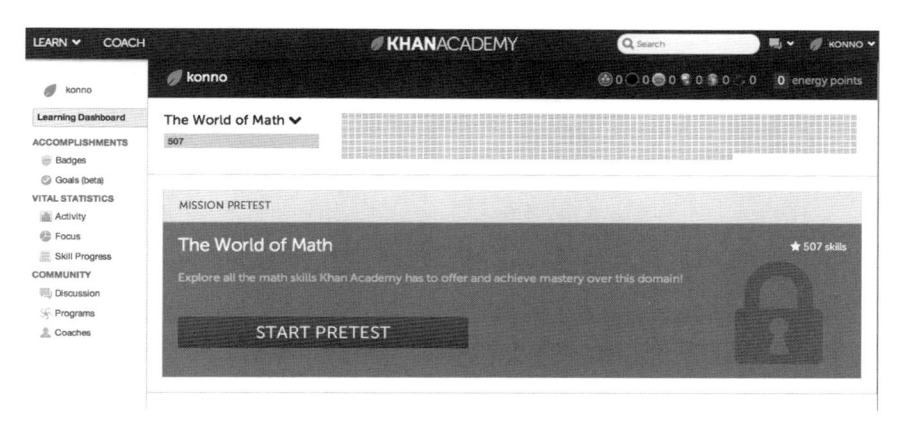

図15−3　カーンアカデミー
（出所）　http://www.khanacademy.org/（2014年1月29日閲覧）

その検索も行えるようなWebサイトも整備されはじめている。このようなオープンエデュケーションは，数多くの大学や企業などで取り組まれている。たとえば，カーンアカデミー（Khan Academy）ではビデオと練習用のアプリケーションを公開しており，その範囲は初等教育の1＋1の算数から大学教育レベルの金融学まで幅広く用意されている。ビデオは1つのテーマごとに10分程度でまとめられており，自分の見たいコンテンツを自分の好きな時間に視聴することが可能である（図15−3参照）。

　オープンエデュケーションの中では，「学校に通っている人だけが生徒」「教える資格や免許をもっている人だけが先生」ではなくなる。人生においてどの時点でも「学ぶ者」「教える者」になることができる。自分次第で「学びながら教える人」や「教えながら学ぶ人」にもなるため，カリキュラムや年齢の制限がないといえる。主体的に学びたいという意欲や情熱があれば誰にでも限りなく開かれた学習環境がある。

　最後に，NPOと大学が連携した教育実践活動を説明する。この活動は，西アフリカに関する写真を展示し，来館者に情報提供をするという従来の展示に加えて，写真を見て，疑問をもった写真をスマートフォンで撮影し，それに関

第15章　学習者・授業・学校を変えるメディア表現

図15－4　来館者が撮影している様子

図15－5　質問が投稿されているFacebookページ

する質問をFacebookに投稿してもらう参加型写真展である[6]。来館者のFacebookへの投稿は，西アフリカに滞在経験のある方々に即時に回答をしてもらう。この取り組みは，来館者と写真展に関わる関係者が，必ずしも同じ場所にいる必要があるわけではなく，Facebookをとおして国を越えても双方向的に意見交換ができる（図15-4参照）。

以上のように，インターネットを介することでどこでも学びの場となり得る。つまり，教師や教科書，参考書などのみが「学び」を支えているわけではなく，学校外の日常生活の場においても学びの機会がある。

第4節　ICT学習環境と新しい能力

ICTを活用した学習環境が構築されたり，先に示した事例のような実践が展開されたりしてきた背景には，「新しい能力」が影響していると考えられる。たとえば，キー・コンピテンシーや社会人基礎力などが新しい能力として挙げられる。キー・コンピテンシーとは，単なる知識や技能だけではなく，技能や態度を含むさまざまな心理的・社会的なリソースを活用して，特定の文脈の中で複雑な要求（課題）に対応することができる力である。また社会人基礎力とは，「前に踏み出す力」「考え抜く力」「チームで働く力」の3つの能力（12の能力要素）から構成されており，「職場や地域社会で多様な人々と仕事をしていくために必要な基礎的な力」として，経済産業省が2006年から提唱している力である。

これら「新しい能力」に共通するのは，「どうしたらいいかわからないときに適切な対応ができる」ことであり，そのような対応ができるためには知識や技術を個人がため込む学習ではなく，周りの人やモノとの相互作用を通した主体的な学びが求められていると言える。

新しい能力や，学習者が中心となるICT学習環境について研究している久保田賢一は，ICT学習環境において重要な要素を「本物」「当事者」「協働」「越境」「内省」の5つにまとめている[7]。

第15章　学習者・授業・学校を変えるメディア表現

本物（authentic）とは，教室の中でおこなわれる講義ではなく，現実社会で実際に起きている課題に学習者自身が取り組むことである。学習者はこの課題に本気で取り組まなければ，解決にたどり着くことはできないばかりか，それに関わる人たちが不利益を被る，という状況におかれている。取り組む課題が本物であるという認識は，学習意欲・成果に大きく関係する。

　学習者は，現実社会で実際に起きている課題の当事者（ownership）であるという意識が必要である。この課題は，「私」のものであり「私が解決しなければならない」という課題に対する「当事者」としての意識は，課題に対して強い興味・関心を示し，当事者としての意欲と責任が生まれる。

　学習者はひとりで学ぶ活動と協働（collaboration）する活動を共に経験することが必要となる。これからの活動の中で，対面で話し合うのか，ICTを用いて教室外の人と関わるのかなど，どのような協働をつくりあげるのかにより，学習成果が大きく異なる。協働により1＋1が2以上になるためには，チームのメンバーはそれぞれの特徴を生かして，オンラインでもオフラインでも互いに教え学びあう場をつくり，役割分担をして目標に向かって協力し，話し合いや意見交換を通して課題に取り組むことが求められる。

　ICTを用いることで，学習者は新しい場に足を踏み入れることにもなる。これが越境（boundary-crossing）である。これまで学習者，とくに大学生は，学校や家庭という言葉も文化も理解している居心地の良い環境で学んできただろう。そこは，自分が長期間参加してきた場でもあり，勝手がわかっていて学習を進めるのも，新しい活動を行うこともしやすい。しかし，そのような居心地の良い場に留まっていては大きな学びはないだろう。自分のいる，居心地の良い環境を超え，異空間に越境することで，同じような考えをもつ仲間だけでなく「自分の意見に反対する人，自分と生まれ育った環境が異なるために政治的立場や価値観が違う人，自分の自己実現を阻む人」のような他者と交わることで，多様な視点をもつきっかけをつかめる。異空間に潜入することで，これまで当然と思っていたことが当然ではないということを知り，これまで考えたこともなかった見方を理解できるようになる。

新しい活動に参加し活動に没頭するだけではなく，体験したことを定期的に振り返る（reflection）ことで，次に行わなければいけないことが明確になる。また，活動を振り返り，他者に対してその内容を伝えるという経験をすることは，さらに自分の活動を整理することにつながる。また，学修記録を蓄積していくことで，再度自身の学びを振り返ることができる。

　周りの人やモノとの相互作用を通した学びにおいて，上記の5つの要素は学習者の身の回りにつねに起こりうることであろう。なぜならICT学習環境はこれまでの教育方法や学習者の学び方（過程）を変化させるため，学習者はつねに「学びの場」におかれることになるからである。その学びの場の中で，立ち振る舞える有能さ，つまり「新しい能力」が学習者には求められる。日本でその有能さを発揮することができれば，世界のほかの場所でも同じ有能さを発揮できる。それを学習者自身で認識することが，次の学びを引き起こすきっかけとなるのではないだろうか。

【注】

1） 米国学術研究推進会議編著，森敏昭・秋田喜代美監訳，21世紀の認知心理学を創る会訳『授業を変える—認知心理学のさらなる挑戦』北大路書房，2002年，pp.133-134
2） 内田樹『先生はえらい』筑摩プリマー新書，2005年，pp.37-38
3） 久保田賢一・岸磨貴子編著『大学教育をデザインする—構成主義に基づいた教育実践』晃洋書房，2012年，pp.72-95
4） 今野貴之・岸磨貴子・久保田賢一「教育開発プロジェクトにおける葛藤と介入」『日本教育工学会論文誌』第35巻2号，2011年，pp.99-108
5） 今野貴之・久保田賢一・黒上晴夫「教育開発プロジェクトにおける学校を基盤とした授業研究の促進要因」『日本教育工学会論文誌』第34巻増刊号，2010年，pp.89-92
6） 岸磨貴子・吉田千穂「構成主義に基づいた参加型展示の実践と評価—ソーシャルメディアを活用した写真展—」『第20回日本教育メディア学会年次大会発表論文集』日本教育メディア学会，2013年，pp.7-8
7） 久保田賢一編著『高等教育における　つながり・協働する学習環境デザイン：大学生の能動的な学びを支援するソーシャルメディアの活用』晃洋書房，2013年，pp.15-18

編 集 後 記

　現代社会において，私たちの日常生活はテレビ，携帯電話，パソコン，新聞，雑誌，映画，本，などさまざまなメディアに囲まれている。私たちがメディアに接しない日はないだろう。このように，メディアという言葉は私たちにとって，とても馴染み深い言葉である。

　そのメディアを使ってどのように表現するのか，そしてどのようにメディアで表現された内容を読み取るのか。本書は，多様な視点から私たちが日常的に行っているこのような作業を学術的な視点から見つめ直し，そして考えることを目的として執筆された。

　メディア論，マスメディア，ソーシャルメディア，地域メディアなどの理論と実際，ジャーナリズム，広告，映像，アート，デザイン，アニメ・ゲームなどのエンターテインメント分野からコンピュータ・システム関連の専門分野までメディア表現に関する幅広い領域をカバーするさまざまな専門分野を持つ著者らによって執筆されたため，一見バラバラな内容に見えてしまうかもしれないが，部構成，章立てについては，読みやすくなるように工夫をしたつもりである。そのため，近接領域の内容がまとまっている部ごとに読んでも，最初から章の流れに沿って読んでも理解しやすいようになっている。

　現在は社会におけるメディア状況が大きく変容している時期である。テレビや新聞などのマスメディアのみならず，インターネットや携帯電話，スマートフォンなどが普及し，ソーシャルメディアが社会を動かすようになっている。このような時期に，新旧のメディア表現について考察し，今後の行方を推測することは，大変意義のあることと思われる。

　本書により，メディア表現を学ぶ学生のみならず，メディア表現に関心のある一般の読者が社会の中でのメディアの役割やその表現についての理解を深め，さまざまな分野のメディア表現に興味を持ち，また今後のメディア表現に役立ててくれることを期待している。

なお，本書を出版するにあたって，目白大学・学術書刊行のための経費助成を受けた。また，学文社の田中千津子社長をはじめ編集部の皆さまには著者らの度重なる要望に応えていただき，大変お世話になった。すべての関係者の方々に感謝の意を表したい。

編集担当
川　端　美　樹
牛　山　佳菜代

●「メディア表現学」文献／映像作品案内●

　メディア表現に対してはさまざまなアプローチを取ることが可能であるが，本書の各章に関連して，さらに考えるための手がかりとなる文献及び映像作品のリストを挙げた。研究を深める際の参考にしてほしい。

1．文献
〈第1章〉マスメディアの変容と社会的影響

Baran, S. J. and Davis, D.K., *Mass Communication Theory: Foundations, ferment, and future*, Wadsworth, 2003.（宮崎寿子監訳『マス・コミュニケーション理論——メディア・文化・社会（上・下）』新曜社，2007年）

Crowley, D. and Heyer, P., *Communication in History: Technology, Culture, Society*, New York: Longman Publishing Group.（林進・大久保公雄訳『歴史の中のコミュニケーション——メディア革命の社会文化史』新曜社，1995年）

ノーム・チョムスキー著，鈴木主悦訳『メディア・コントロール——正義なき民主主義と国際社会』集英社新書，2003年

藤竹暁編著『図説　日本のメディア』ＮＨＫ出版，2012年

萩原滋編著『テレビという記憶——テレビ視聴の社会史』新曜社，2013年

橋元良明『メディアと日本人——変わりゆく日常』岩波新書，2011年

早川善治郎編著『概説マス・コミュニケーション（新版）』学文社，2010年

Neuman, W. R., *The Future of the Mass Audience*, Cambridge University Press, 1991.（三上俊治ほか訳『マス・オーディエンスの未来像：情報革命と大衆心理の相剋』学文社，2002年）

三上俊治『メディア・コミュニケーション学への招待』学文社，2004年

佐藤卓己『テレビ的教養——一億総博知化への系譜』NTT出版，2008年

清水英夫ほか『新版マス・コミュニケーション概論』学陽書房，2009年

竹内郁郎・児島和人・橋元良明編著『メディア・コミュニケーション論Ⅰ』北樹出版，2005年

竹内郁郎・児島和人・橋元良明編著『メディア・コミュニケーション論Ⅱ』北樹出版，2005年

〈第2章〉電子書籍　紆余曲折10年の教訓

歌田明弘『電子書籍の時代は本当に来るのか』ちくま新書，2010年

村瀬拓男『インターネットは本を殺すのか』Diamond Online，2009年

佐々木俊尚『電子書籍の衝撃』ディスカヴァー携書，2010年

（電子書籍）

『ぴょちゃんのおともだち』学研，2010年
　http://www.gakken-ehon-apps.jp/little-piyo/jpn/index.html
Al Gore, *Our Choice*. Push Pop Press, 2012.
　http://pushpoppress.com/ourchoice/
三上義一　『アウンサンスーチー』　BOOKWALKER, 2012年
　http://bookwalker.jp/de5ad5c446-1815-4a9c-b8c5-3eabb12ea78c/

〈第3章〉ソーシャルメディア・コミュニケーションの拡張
デビッド・カークパトリック『フェイスブック　若き天才の野望』日経BP社，2011年
梅田望夫『ウェブ進化論―本当の大変化はこれから始まる』ちくま新書，2006年
荻上チキ『検証　東日本大震災の流言・デマ』光文社新書，2011年
河井孝仁・遊橋裕泰編『地域メディアが地域を変える』日本経済評論社，2009年
鈴木謙介『ウェブ社会のゆくえ―＜多孔化＞した現実のなかで』NHK出版，2013年
津田大介『Twitter社会論―新たなリアルタイム・ウェブの潮流』洋泉社，2009年
吉田純『インターネット空間の社会学　情報ネットワーク社会と公共圏』世界思想社，2000＝2006年
H. ラインゴールド『バーチャル・コミュニティ―コンピューター・ネットワークが創る新しい社会』三田出版会，1995年

〈第4章〉広告にとってのメディアと表現
日経広告研究所編『広告白書2013』2013年
嶋村和恵監修『新しい広告』電通，2008年
石崎徹編著『わかりやすい広告論〈第2版〉』八千代出版，2012年
梶山皓『広告入門』日経文庫，2007年
岸志津江・田中洋・嶋村和恵『現代広告論〔新版〕』有斐閣，2008年
上條典夫監修『実践マーケティング・コミュニケーションズ』電通，2007年
横山隆治『トリプルメディアマーケティング―ソーシャルメディア，自社メディア，広告の連携戦略』インプレスジャパン，2010年
Zyman S., *The End of Advertising as We Know It,* John Wiley & Sons, 2002.（中野雅司・渡辺竜介訳『セルジオ・ジーマンの実践！広告戦略論』ダイヤモンド社，2003年）
オガワカズヒロ『ソーシャルメディアマーケティング』ソフトバンククリエイティブ，2010年
須田伸『次世代広告進化論』ソフトバンククリエイティブ，2010年
Cannes Lions Official Site http://www.canneslions.com/

〈第5章〉デザインの重要な視点
阿部公正監修『増補新装　カラー版　世界デザイン史』美術出版社，2012年
高島直之監修『デザイン史を学ぶ　クリティカル・ワーズ』フィルムアート社，2006年
グラフィックデザインの世紀編集委員会『グラフィックデザインの世紀』美術出版社，2008年
ブルーノ・ムナーリ『デザインとヴィジュアル・コミュニケーション』みすず書房，2006年
ブルーノ・ムナーリ『芸術家とデザイナー』みすず書房，2008年
奥出直人・後藤武編『デザイン言語』慶應義塾大学出版会，2002年
脇田玲・奥出直人編『デザイン言語2.0』慶應義塾大学出版会，2006年

〈第6章〉アートの伝統とヴァーチャル・リアリティ
末永照和他『増補新装カラー版　20世紀の美術』美術出版社，2013年
辻茂『遠近法の発見』現代企画社，1996年
村山章「ヴァーチャルとは何か？そのメカニズムの解明」『季報　唯物論研究』108号，2009年
Foster, H., *Vision and Visuality. Discussion in Contemporary Culture*, New York: The New Press, 1998.（樽沼範久訳『視覚論』平凡社，2007年）
Lévy, P., *Qu'est-ce que le virtuel?*, Paris：La Découverté, 1995.（米山優監訳『ヴァーチャルとは何か？』昭和堂，2006年）
Panofsky, E., 'Perspective als Symbolische Form', in *Vorträge der Bibliothek Warburg* 1924-1925, Leipzig & Berlin, 1927, pp.258-330.（木田元ほか訳『象徴形式としての遠近法』ちくま学芸文庫，2009年）
Queau, Ph., *Le virtuel*, Seyssel: Champ Vallon, 1993.（西垣通監訳『ヴァーチャルという思想』NTT出版，1997年）

〈第7章〉誰もが映像番組を作ることができる時代
佐々木俊尚『キュレーションの時代』ちくま新書，2011年
吉野嘉高『テレビ番組制作実践講座（企画・取材・編集のメソッド）』櫂歌書房，2010年
Roy, T., Christopher J. B., *Grammar of the Shot*（Second Edition），Focal Press, 2011.
堀江貴文『堀江貴文のブログでは言えない話』SNS
http://www.mag2.com/m/0001092981.html

〈第8章〉実写・特撮・アニメに通底するものとは何か
浅尾典彦『アニメ・特撮・SF・映画メディア読本』青心社，2006年
大口孝之『コンピュータ・グラフィックスの歴史』フィルムアート社，2009年
北野圭介『ハリウッド100年史講義』平凡社，2001年
境真良『テレビ進化論』講談社，2008年
増田弘道『アニメビジネスがわかる』NTT出版，2007年
増田弘道『もっとわかるアニメビジネス』NTT出版，2011年
山口康男『日本のアニメ全史』テンブックス，2004年
レナード・マルティン『マウス・アンド・マジック―アメリカアニメーション全史』楽工社，2010年

〈第9章〉ポピュラー音楽の現在とメディアの変容
Adorno, Theodor, W., *Einleitung in die Musiksoziologie*, Frankfurt: Suhrkamp Verlag, 1962.（高辻知義・渡辺健訳『音楽社会学序説』平凡社, 1999年）
麻生香太郎『誰がJ-POPを救えるか？―マスコミが語れない業界盛衰記』朝日新聞出版，2013年
土橋臣吾・南田勝也・辻泉編『デジタルメディアの社会学―問題を発見し，可能性を探る 改訂版』北樹出版，2013年
円堂都司昭『ソーシャル化する音楽―「聴取」から「遊び」へ』青土社，2013年
濱野智史『アーキテクチャの生態系―情報環境はいかに設計されてきたか』NTT出版，2008年
Hebdige, Dick, *Subculture: The Meaning of Style*, London: Routledge, 1979.（山口淑子訳『サブカルチャー―スタイルの意味するもの』未来社，1986年）
井手口彰典『同人音楽とその周辺―新世紀の振源をめぐる技術・制度・概念』青弓社，2012年
飯田豊編『メディア技術史―デジタル社会の系譜と行方』北樹出版，2013年
北田暁大『嗤う日本の「ナショナリズム」』日本放送出版協会，2005年
Kusek, David and Leonhard, Gerd, *The Future of Music: Manifesto for the Digital Music Revolution*, Boston: Berklee Press, 2005.（yomoyomo訳『デジタル音楽の行方―音楽産業の死と再生，音楽はネットを越える』翔泳社，2005年）
南田勝也・辻泉編『文化社会学の視座―のめりこむメディア文化とそこにある日常の文化』ミネルヴァ書房，2008年
日本レコード協会「2012年度音楽メディアユーザー実態調査報告書 公表版」一般社団法人日本レコード協会，2013年
さやわか『AKB商法とは何だったのか』大洋図書，2013年
富田英典・辻泉・南田勝也編『デジタルメディア・トレーニング―情報化時代の社会

学的思考法』有斐閣，2007年
津田大介・牧村憲一『未来型サバイバル音楽論——USTREAM，twitter は何を変えたのか』中央公論新社，2010年
山田晴通「ポピュラー音楽の複雑性」東谷護編『ポピュラー音楽へのまなざし——売る・読む・楽しむ』勁草書房，2003年

〈第10章〉Web 表現の仕組み
若林尚樹『入門 Web デザイン 第二版』CG-ARTS 協会，2011年
境祐司『Web デザイン基礎 改訂3版』技術評論社，2012年
標準ガイドブック制作プロジェクト『ウェブの仕事力が上がる標準ガイドブック2 Web デザイン 第2版』ワークスコーポレーション，2013年
Mark Pilgrim 著，矢倉眞隆監訳，水原文訳『入門 HTML5』オライリー・ジャパン，2011年
David Flanagan 著，村上列訳『JavaScript 第6版』オライリー・ジャパン，2012年
Jon Reid 著，渡邉真人・白石俊平監訳，牧野聡訳『jQuery Mobile』オライリー・ジャパン，2011年

〈第11章〉ユーザーインタフェースのデザイン手法
Gibson, J., *The Ecological Approach to Visual Perception*, Boston: Houghton Mifflin, 1979.（古崎敬也訳『生態学的視覚論——ヒトの知覚世界を探る』サイエンス社，1986年）
Norman, D., *The Psychology of Everyday Things*, New York: Basic Books, 1988.（野島久雄訳『誰のためのデザイン？——認知科学者のデザイン言論』新曜社，1990年）
Nielsen, J., *Usability Engineering*, Massachusetts: Academic Press, 1994.（篠原稔和訳『ユーザビリティエンジニアリング原論——ユーザーのためのインタフェースデザイン 第二版』東京電機大学出版会，2002年）

〈第12章〉スマートフォンを支える技術
柏尾南壮『iPhone のすごい中身』日本実業出版社，2010年
カワサキタカシ『iPhone アプリ開発塾』技術評論社

〈第13章〉マスメディアにおけるジェンダー表現
江原由美子・山田昌弘『ジェンダーの社会学 入門』岩波書店，2008年
高橋準『ジェンダー学への道案内』北樹出版，2006年
国広陽子・東京女子大学女性学研究所編『メディアとジェンダー』勁草書房，2012年
諸橋泰樹『メディアリテラシーとジェンダー』現代書館，2009年

井上輝子・上野千鶴子・江原由美子編，天野正子編集協力『日本のフェミニズム7　表現とメディア』岩波書店，1995年
特定非営利法人SEAN編『絵本100冊読んでみえてきたもの』2003年

〈第14章〉メディアとモラル
一般社団法人日本新聞協会『新聞倫理綱領』2000年
民放連・NHK『放送倫理基本綱領』1996年
総務省『平成25年版　情報通信白書』2013年
総務省『ICT基盤・サービスの高度化に伴う新たな課題に関する調査研究報告書　平成25年版』2013年
文部科学省『教育の情報化に関する手引き』2010年
放送倫理・番組向上機構　http://www.bpo.gr.jp/（2013年8月23日閲覧）

〈第15章〉学習者・授業・学校を変えるメディア表現
天城勲監訳『学習：秘められた宝―ユネスコ「21世紀教育国際委員会」報告書―』ぎょうせい，1997年
ドミニク・S. ライチェン，ローラ・H. サルガニク著，立田慶裕監訳『キー・コンピテンシー―国際標準の学力をめざして』明石書店，2006年
Flic（NPO法人学習創造フォーラム）『写真展×ワークショップ：西アフリカで生きる』　http://npo-filc.org/africa/（2014.1.29.閲覧）
カーンアカデミー　http://www.khanacademy.org/（2014年1月29日閲覧）
上田信行『プレイフル・シンキング』宣伝会議，2009年
内田樹『街場の教育論』ミシマ社，2008年

2．映像作品
■映画の起源
『Butterfly Dance』Edison Production，1894年
『ラ・シオタ駅への列車の到着』リュミエール兄弟，1895年
『月世界旅行』ジョルジュ・メリエス，1902年
『メリエスの素晴らしき映画魔術』セルジュ・プロムバーグ，エリック・ランジュ，2011年
■初期のハリウッド
『国民の創世』D・W・グリフィス，1915年
『イントレランス』D・W・グリフィス，1916年
『ニッケルオデオン』ピーター・ボグダノヴィッチ，1976年
『グッドモーニング・バビロン』タヴィアーニ兄弟，1987年

■初期のディズニー
『蒸気船ウィリー』ウォルト・ディズニー，1928年
『花と木』バート・ジレット，1932年
『白雪姫』デイヴィッド・ハンド，1937年
■コマ撮りアニメーション
『ロストワールド』ハリー・O・ホイト，1928年
『キングコング』M・C・クーパー，E・B・シュードサック，1933年
『原子怪獣現る』ユージーン・ルーリー，1953年
『アルゴ探検隊の大冒険』ドン・チャフィ，1963年
『ロボコップ』ポール・バーホーベン，1987年
■アニメ・特撮と日本の映画
『ゴジラ』本多猪四郎，1954年
『白蛇伝』藪下泰司，1958年
『長靴をはいた猫』矢吹公郎，1969年
■アニメ・特撮と日本のテレビシリーズ
『鉄腕アトム』テレビシリーズ，1963年
『鉄人28号』テレビシリーズ，1963年
『ウルトラマン』テレビシリーズ，1966年
『仮面ライダー』テレビシリーズ，1971年
『マジンガーZ』テレビシリーズ，1972年
『秘密戦隊ゴレンジャー』テレビシリーズ，1975年
■オタク第1世代
『宇宙戦艦ヤマト』1974年
『銀河鉄道999』1978年
『機動戦士ガンダム』1979年
■SFXとCG
『ミクロの決死圏』リチャード・フライシャー，1966年
『2001年宇宙の旅』スタンリー・キューブリック，1968年
『スターウォーズ』ジョージ・ルーカス，1977年
『トロン』スティーブン・リズバーガー，1982年
『ジュラシックパーク』スティーヴン・スピルバーグ，1993年
『トイストーリー』ジョン・ラセター，1995年
『タイタニック』ジェームズ・キャメロン，1997年
『マトリックス』ウォシャウスキー兄弟，1999年
『アバター』ジェームズ・キャメロン，2009年

■インターネット社会
『NHK スペシャル"グーグル革命の衝撃"あなたの人生を検索が変える』2007年
『ソーシャル・ネットワーク』デヴィッド・フィンチャー,2010年
■ポピュラー音楽
『ミクの日感謝祭 39's GIVING DAY 初音ミク・ソロコンサート―こんばんは,初音ミクです』ジェネオン・ユニバーサル,2010年
『ニコニコ大会議 2010‐2011全国ツアー ―ありがとう100万人』BinaryMixx Records, 2011年
『ラジカセのデザイン！』USM ジャパン,2012年

●メディア表現学科紹介●

1．目白大学メディア表現学科とは
　メディア表現学科の教育の柱は，現代の情報社会を支える多種多様な「メディア」への理解を深め，個々の目的にかなった表現能力を高めることにあります。メディアや社会に関する分析力，批判力を身につけ，豊かな感性や創造性を養い，最新のデジタルメディアを駆使したコンテンツ制作を学びます。学生達はそれぞれの興味や適性，希望の進路に応じて6つのフィールド（研究分野）―メディア・コミュニケーション，放送プロデュース，広告クリエーション，デザイン＆アート，エンターテインメント・プランニング，システムデザイン―から2つを選択し，専門性を磨いていきます。また，フィールドを超えて横断的に学修するインターフィールド科目群を設けています。これらをバランスよく履修することにより，基礎的・応用的な力を身につけ，様々なメディア表現に対応できる力を養っていきます。
　メディア関連企業はもちろん，あらゆる業界においてメディア表現能力を発揮し，社会に貢献できる人材育成を目指します。

2．6つのフィールド
★メディア・コミュニケーション
　インターネット，テレビ，モバイル，出版，新聞などのメディアを用いたコミュニケーションについて，社会心理学・ジャーナリズム・地域特性の観点から分析し，メディアの役割や影響を総合的に学びます。
★放送プロデュース
　テレビ，ラジオ，インターネットに向けた番組，映像の企画制作を研究対象とします。コンテンツの着想から制作まで自分でできる能力を身につけ，その能力を訴求力のある番組の発信につなげていきます。
★広告クリエーション
　ブランド価値を高め，販売に直結するマーケティング・コミュニケーションとは何か。TV-CM，新聞・雑誌広告，インターネット広告から，店舗POP，広報，イベントまで，"現代の広告"全領域が研究対象です。
★デザイン＆アート
　メディア表現のコアとなる優れた芸術表現，効果的なデザインについて学び，演習を通して その応用力を養います。デザイン・アート分野とデジタル技術との融合による可能性についても探求します。
★エンターテインメント・プランニング
　アニメーション・ゲーム・3DCG・音楽作成などを主な研究課題にします。課題作成を通じて，面白いコンテンツを作成するノウハウと技術を学び，子どもから若

者・大人まで人々を楽しませる能力を養います。
★ システムデザイン
　ネットワークやプログラミングの知識を学び，Web や iPhone，Android スマートフォンを利用した効果的な情報発信の方法とモバイルアプリの開発技法を習得し，人に役立つシステムの設計と開発を目指します。

3．メディア表現学科の特色

　メディア表現学科では，6つのフィールドに加えて，科目間連携，ゼミ，インターンシップなど，学内外で多様な学びを行うことができます。

1）科目間連携
　複数のフィールドが融合することによる新たなメディア表現の可能性を探求します。異なるフィールドで学んだ学生が，互いに連携して1つのテーマに取り組みます。取り組みを通じて，問題を分析・解決する力，そのための企画・提案力の強化，実際にメディアに向けて発信する表現力など，新しいメディア表現を創造する総合力を育成

していきます。

2）ゼミ

　学生は，特に関心のある分野をゼミで追求し，訴求力の高いメディア表現の実現を目指します。グラフィックデザイン，メディア・コミュニケーション，広告表現，社会心理，イメージ文化，ジェンダー，放送プロデュース，学習用コンテンツ開発，電子書籍，メディア社会，システム開発，コンテンツプロデュース技法，等に関する各専門分野の教員の下で学ぶことができます。

　番組制作のゼミでは，新宿区のケーブルテレビのコミュニティチャンネル向けの番組を制作し，放送しています。番組の企画・取材・編集までのすべての作業をゼミ担当教員の指導の下で学生自身が行っています。

　また，広告表現のゼミでは，実際にCMコンテやWeb企画を通じて，そのアイデアを形にして学内外に発信していきます。こうして生まれた作品の中には，ACジャパン公共広告CM学生賞でグランプリを受賞して，BS民放各局で放送されたものもあります。

3）インターンシップ

　自らの研究テーマや将来のキャリアに関連した実務能力を身につけるため，番組制作，出版編集，イベント運営等に関連する企業・団体で，数週間から数ヶ月の就業体験を行うことができます。

索　引

A-GPS　164
API　138
BBS　32
BPO　189,190
CSS　136
DOM　138
GPS　162
GRP　54
EUC　143
HTML　136
ICT　199,203,204,207,208
JavaScript　136

Perfume　79
POP　58
RIA　151
SNS　30,50
Twitter　34
Unicode　143
VOD　94
Web2.0　33,151
WWW　32
XHTML　140
XML　140
YouTube　95,125

――あ行――

アクチュアル　80
朝日新聞　18
ASCIIコード　142
新しい能力　199,207,209
アーツ・アンド・クラフツ運動　66
アドルノ，T. W.　121
アニメーション　113
アフォーダンス　153
アルタミラの洞窟　106
アール・ヌーヴォー　67
アルベルティ　84
アーンドメディア　63
インスタレーション　87
インターコミュニケーション・センター　79
インターネット　31
インターネット広告　56
インターフェース　70,148
ヴァーチャル　80
ヴァーチャル・リアルティ　79
ヴィオラ　78
WEB広告表現　62
ウォーホル　78
ウォール・ストリート・ジャーナル　18
ウォルト・ディズニー　112

ウルトラマン　114
運用型広告　57
映像制作　101
エコ・デザイン　71
エッシャー　85
オウンドメディア　63
オーウェル，G.　i
OOHメディア　58
オタク　115
オープンエデュケーション　204,205

――か行――

学習者中心の教育　200,201,203
加速度センサー　166
ガーブナー，G.　6
カメラ画角　98
カラーコード　144
カルチュラル・スタディーズ　121
カンヌライオンズ国際クリエイティビリティ・フェスティバル　64
幾何学的遠近法　83
企業WEBサイト　57
キー・コンプテンシー　207
疑似同期　127
キネトスコープ　108
機能　4,5

逆機能　4
キュレーター　96
教師中心の教育　200,201
キンドル　17
グラフィックデザイン　68,70,71
クリエイティビティ　64
クリスト　78
「顕在的」機能　6
好意形成　54
広告　48
広告主　49
広告表現　59
国際標準化機構　156
ゴジラ　114
コンセプト　60
コンピュータ・アート　79

―さ行―

雑誌広告　56
サン・ティーニャツィオ教会　85
3軸ジャイロセンサー　166
CS放送　94
ジェンダー　174
ジェンダー・アイデンティティ　175
ジェンダー・バイアス　176
ジェンダーフリー　180
色彩遠近法　85
JISコード　142
シネマクラブ　108
シフトJISコード　143
ジャイロスコープ　165
社会関係資本　5,42
社会人基礎力　207
集合的記憶　8
主流形成　7
順機能　4
消失線　84
消失点　84
情報モラル　196
ジョルジュ・メリエス　110
ジョルジュ・ルース　87
Siri　167
新聞広告　55
新聞倫理綱領　188
スポット　54

スマートフォン　160
3DCG　79,113
3Dホログラム　79
青少年インターネット環境整備法　191
静電容量方式　160
「性」の商品化　184
性別役割分業　176
ゼウクシス　81
セクシャリティ　175
説得　50
「潜在的」機能　6
ソーシャルネイティブ　36
ソーシャルメディア　30
ソニー　21

―た行―

大衆消費社会　3
大衆新聞　3
大プリニウス　801
タイポグラフィ　73
タイムブック　23
大量複製技術　120
タッチパネル　160
男性の視点の内在化　183
地域SNS　40
地域活性化　40
蓄音機　121
繋がりの社会性　128
出会い系サイト規制法　192
ディビット・グリフィス　110
DV方式　95
デジタルコンパス　165
デジタルネイティブ　36
手塚治虫　114
鉄腕アトム　114
テトラッド　44
デュシャン　78
テレタイプライター　149
テレビ　8
テレビCM　54
テレビ離れ　10
デ・ロヨラ　85
電子書籍　17
伝達　50
東映映画　114

トーキー 111
トキワ荘 114
特殊効果 113
特殊撮影 110
トーマス・エジソン 108
トリプルメディア 62

――な行――

ニコニコ動画 127
日本経済新聞 18
ニューヨークタイムズ 18
人間中心設計 157
ネットワーク外部性 35
年間広告費 53
ノーマン,D. 154

――は行――

培養分析 6
バウハウス i ,67
薄膜方式 160
初音ミク 128
パブリシティ 50
パラシアス 81
阪神・淡路大地震 87
BS放送 93
ピエロ・デッラ・フランチェス 84
東日本大震災 87
非人的媒体 50
表現の自由 187
費用対効果 57
フォトディレション 73
ブランド認知 54
フリークエンシー 54
フレーム 109
プロジェクト活動 204
プロセニアム・アーチ 109
プロダクトデザイン 68,69
プロパガンダ 3
プロモーション・メディア 57
文化指標プロジェクト 6

ペイドメディア 63
放送法 188
放送倫理基本綱領 188
ポッツォ 85
ポピュラー音楽 119
ホモセクシュアル 175

――ま行――

マクルーハン,M. 43
マス・オーディエンス 14
マスメディア広告 53
マルチタッチ 160
メディア・アート 79
メディア芸術祭 79
メディア・プランニング 52
メディアの並行利用 11
文字コード 142
物語 129
モンドリアン 78

――や行――

ユーザーインターフェース 148
ユーザーエクスペリエンス 158
ユーザビリティ 70,156
ユニバーサルデザイン 70
ユビキタス 151
ヨーコ・オノ 78

――ら行――

楽天kobo 17
ラジオCM 55
リアル 80
リーダー 17
リーチ 54
リブリエ 21
リュミエール兄弟 108
レイ・ハリーハウゼン 113
レンブラント 82
ロシア構成主義 67

執筆者紹介 (50音順)

安楽　豊［第5章］
現職：目白大学社会学部メディア表現学科准教授
専門：グラフィックデザイン
担当科目：メディア表現技法2，デザインⅠ・Ⅱ・Ⅲほか
主要業績：
「デザイン教育とメディアリテラシー」『日本美術教育学会』第288号，2005年
「メディア表現とコンピュータについての一考察」『目白大学高等教育研究』第11号，2005年
「ディジタル・メディアと視覚伝達デザインの展望に関する一考察」『目白大学総合科学研究』第2号，2005年

牛山　佳菜代［第3章］
現職：目白大学社会学部メディア表現学科准教授
専門：コミュニケーション論，地域メディア論，インターンシップ
担当科目：メディア社会特講2，メディア調査法2，メディア実践特講1ほか
主要業績：
『地域メディアエコロジー論』芙蓉書房出版，2013年
『インターンシップ キャリア教育としての就業体験』（共著）学文社，2011年
『現代地域メディア論』（共著）日本評論社，2007年

河合　良文［第4章］
現職：目白大学社会学部メディア表現学科教授
専門：広告コミュニケーション，広告クリエイティブ
担当科目：広告論，広告プランニング論Ⅰ・Ⅱ，広告表現論1・2ほか
主要業績：
"Tokyo, a faraway Neighbor?"（2003年クリオチャイナ広告祭記念講演）
「これが世界の実力か⁉」（2001年米国クリオ賞審査委員レポート）
「ブランドを強くするコミュニケーション」（2001年DCW<電通コミュニケーションワークショップ>講演）

川端　美樹［第1章］
現職：目白大学社会学部メディア表現学科教授
専門：社会心理学，メディア・コミュニケーション論

担当科目:メディア社会特講1,社会心理,コミュニケーション概論ほか
主要業績:
W・ラッセル・ニューマン他著『ニュースはどのように理解されるか──メディアフレームと政治的意味の構築』(監訳)慶應義塾大学出版会,2008年
『社会心理学研究法』(共著)福村出版,2007年
「テレビ親近感とテレビ視聴行動の関連性について」(共著)『社会心理学研究』第22巻第3号,2007年,pp.267-273

桑折　範彦［第12章］
現職:目白大学社会学部メディア表現学科教授
専門:応用物理学,教育情報学
主要業績:
「湯浅年子最後の研究＜日仏共同研究＞:少数核子系実験をめぐって」『日本物理学会誌』vol.64,2009年,pp.924-927
「高大接続 e コンテンツ開発プロジェクト『e コンテンツによる初年次学生の学習支援』報告」『大学教育研究ジャーナル』No.4,2007年,pp.48-54
「全学共通教育における学生による授業評価と授業改善のシステム」『大学教育研究ジャーナル』No. 3,2006年,p.44-57

小林　頼子［第6章］
現職:目白大学社会学部メディア表現学科教授
専門:美術史
担当科目:現代のアート1,現代デザイン論,芸術と人間ほか
主要業績:
『限定版 フェルメール全作品集』小学館,2012年
『庭園のコスモロジー』青土社,2014年
'Perspective & Its Discontents or St,Lucy's Eyes', in eds. by D. Leibson & J. F. Peterson, *Seeing Across Cultures in the Early Modern World*, London, 2012, pp.21-48(共著)

今野　貴之［第15章］
現職:目白大学社会学部メディア表現学科助教
専門:教育工学,国際教育協力
担当科目:情報活用演習Ⅰ・Ⅱ,メディア表現技法1ほか
主要業績:

『高等教育におけるつながり・協働する学習環境デザイン：大学生の能動的な学びを支援するソーシャルメディアの活用』（共著），晃洋書房，2013年

The Conflict and Intervention in an Educational Development Project: Lesson Study Analysis Using Activity System in Palestinian Refugee Schools, *Educational Technology Research*, Vol.35, Nos. 1・2，2012年

『学習支援と教師の仕事：中堅大学における学生支援のためのFD 2』（共著），五稜出版，2012年

「活動理論から見た知識生産の新しい様式とその実践」『日本教育工学論文誌』35 (Suppl)，2011年

島田　治子［第13章］
現職：目白大学社会学部メディア表現学科教授
専門：ジェンダー論，メディア論
担当科目：ジェンダー論，子どもと映像メディア，表現演習Ⅰ・Ⅱほか
主要業績：
『介護レクリエーションの作り方』雲母書房，2008年
『食糧がたいへんだ！』一藝社，2005年
『保育内容シリーズ第4巻　言葉』（共著）一藝社，2004年

遠西　学［第11章］
現職：目白大学社会学部メディア表現学科助教
専門：情報工学，情報ネットワーク
担当科目：情報活用演習Ⅰ・Ⅱ，ネットワークデザインⅠ・Ⅱほか
主要業績
「コンテンツ制作実習における相互レビューの試み」情報処理学会研究報告「グラフィクスとCAD（CG）」Vol.2012-CG-146, No.27，2012年
「触覚ディスプレイを用いたマルチモーダル情報の利用」情報科学技術フォーラム講演論文集11巻，2012年
"Development of a Web-based Computerized Testing System for Mathematics Using a TabletPC", The Third Int. Conf. on *Science and Mathematical Education*, 2009年

西尾　典洋［第7章］
現職：目白大学社会学部メディア表現学科専任講師
専門：映像制作，情報教育

担当科目:メディア社会学概論,映像制作演習Ⅰ・Ⅱ・Ⅲ,放送プロデュース演習ほか
主要業績:
「撮影の失敗を疑似体験できる Web 映像教材のデザイン」(共著),Design シンポジウム2012論文集,2012年,pp.523-526
「番組撮影における動的ワークフローに基づく適応型マルチカメラ撮影支援システム」(共著)『予稿集 CD-ROM,画像の認識・理解シンポジウム(MIRU2009)』2009年
Adaptive Multi-Camera Shooting System Based on Dynamic Workflow in a Compact Studio(共著),*World Academy of Science, Engineering and Technology,* Volume 60, 2009, pp.767-772.

原　克彦［第14章］
現職:目白大学社会学部メディア表現学科教授
専門:教育工学,情報教育
担当科目:メディアとモラル,メディア科学概論,デジタルコンテンツ開発Ⅰ・Ⅱ・Ⅲほか
主要業績:
『教育の情報化に関する手引』文部科学省　2010年
「情報社会と情報モラル教育」『教育展望』10月号,2009年
「大学の専門科目における『e－ラーニングデザイン』の指導例」『教育システム情報学会全国大会発表論文集』2005年

三上　義一［第2章］
現職:目白大学社会学部メディア表現学科教授
専門:ジャーナリズム・出版・電子メディア・国際報道
担当科目:出版メディア1,ジャーナリズム論,現代社会論ほか
主要業績:
「ワシントンポストの『サバイバル戦略』—デジタル新聞の新世界」『目白大学総合科学研究』第7号,2011年
「ロイターの栄枯盛衰—デジタルメディアの誕生とその興亡」『目白大学総合科学研究』第6号,2010年
『オバマのアメリカ経済入門』(共著)毎日新聞,2009年
『アウン・サン・スーチー』ランダムハウス講談社,2008年

溝尻　真也［第9章］
現職：目白大学社会学部メディア表現学科専任講師
専門：メディア論，ポピュラー音楽研究
担当科目：メディア論，音とメディア，メディア社会特講3ほか
主要業績：
『メディア技術史―デジタル社会の系譜と行方』（共著）北樹出版，2013年
「ラジオ自作のメディア史―戦前／戦後期日本におけるメディア技術をめぐる経験の変容」『マス・コミュニケーション研究』76号，2010年
『「男らしさ」の快楽―ポピュラー文化からみたその実態』（共著）勁草書房，2009年

皆川　武［第10章］
現職：目白大学社会学部メディア表現学科准教授
専門：Webを利用したシステム開発，デジタルコンテンツ開発，教材開発
担当科目：WebデザインⅠ～Ⅳ／メディア表現技法1
主要業績：
「文系大学生を対象とした入学時におけるコンピュータに関する操作能力の実態調査」『第35回全日本教育工学研究協議会全国大会 研究発表論文集』，2009年
「メディア系学生を対象としたマルチメディア制作演習のための学習環境およびネットワーク・システム構築について」『目白大学高等教育研究』第19号，2006年
「段階的なホームページ制作演習のための自学自習教材の開発」『第31回全日本教育工学研究協議会全国大会 研究発表論文集』，2005年

鷲谷　正史［第8章］
現職：目白大学社会学部メディア表現学科准教授
専門：アニメーション，デジタルコンテンツ
担当科目：表現発達史概論，アニメーション制作演習Ⅰ・Ⅱ・Ⅲ，エンターテインメント論ほか
主要業績：
『エンターテインメントと法律』（共著），商事法務，2005年
『プロデューサー・カリキュラム―コンテンツ・プロデュース機能の基盤強化に関する調査研究』（共著），C＆R総研，2004年

メディアと表現──情報社会を生きるためのリテラシー

2014年3月10日　第一版第一刷発行

編　著	目白大学社会学部メディア表現学科
発行所	株式会社　学文社
発行者	田中　千津子

〒153-0064　東京都目黒区下目黒3-6-1
電話(03)3715-1501（代表）　振替　00130-9-98842
http://www.gakubunsha.com

落丁，乱丁本は，本社にてお取り替えします。　　　装幀／安楽　豊
定価は，売上カード，カバーに表示してあります。　印刷／東光整版印刷㈱
〈検印省略〉

ISBN 978-4-7620-2439-9
©2014 Department of Media Presentation Mejiro University
Printed in Japan